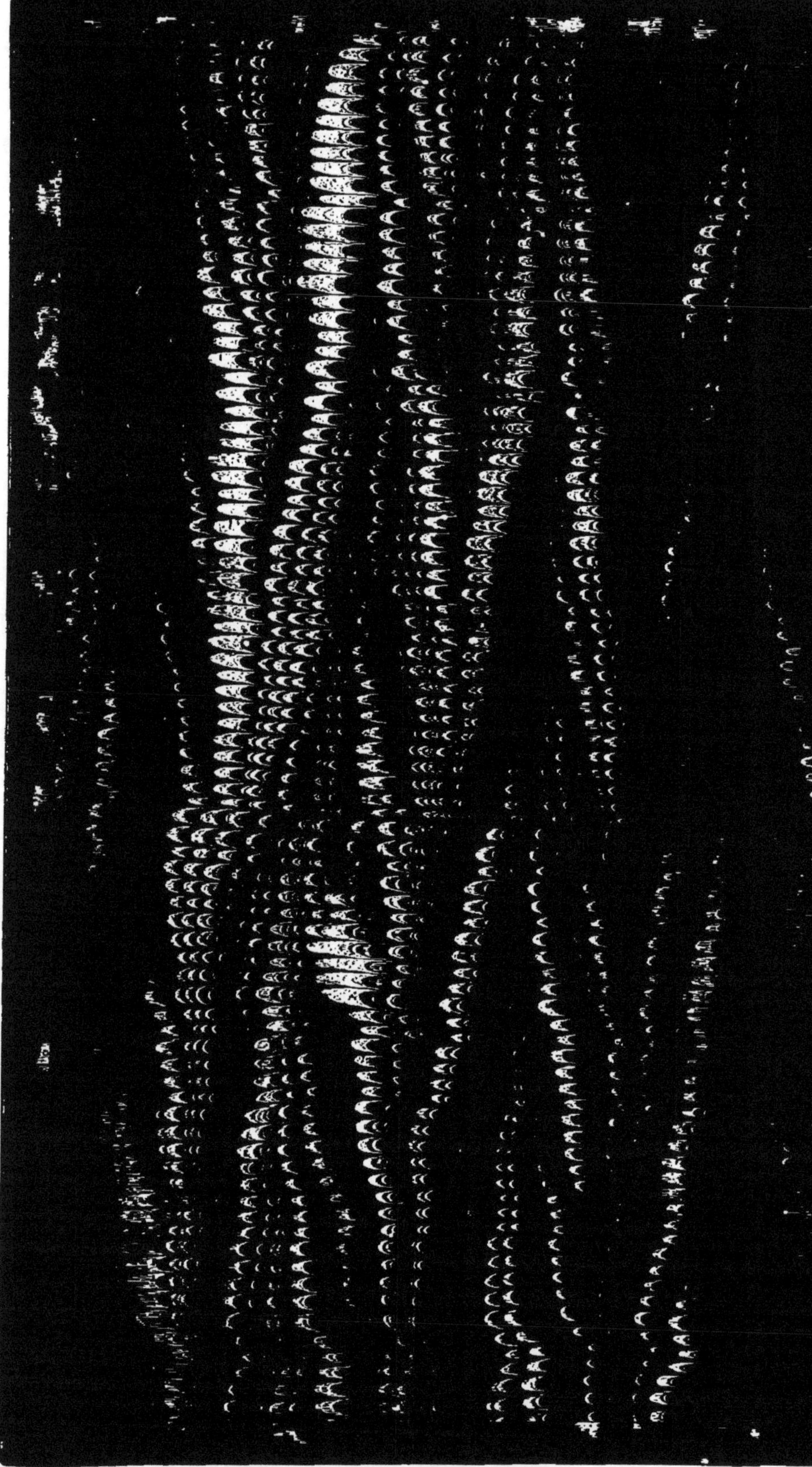

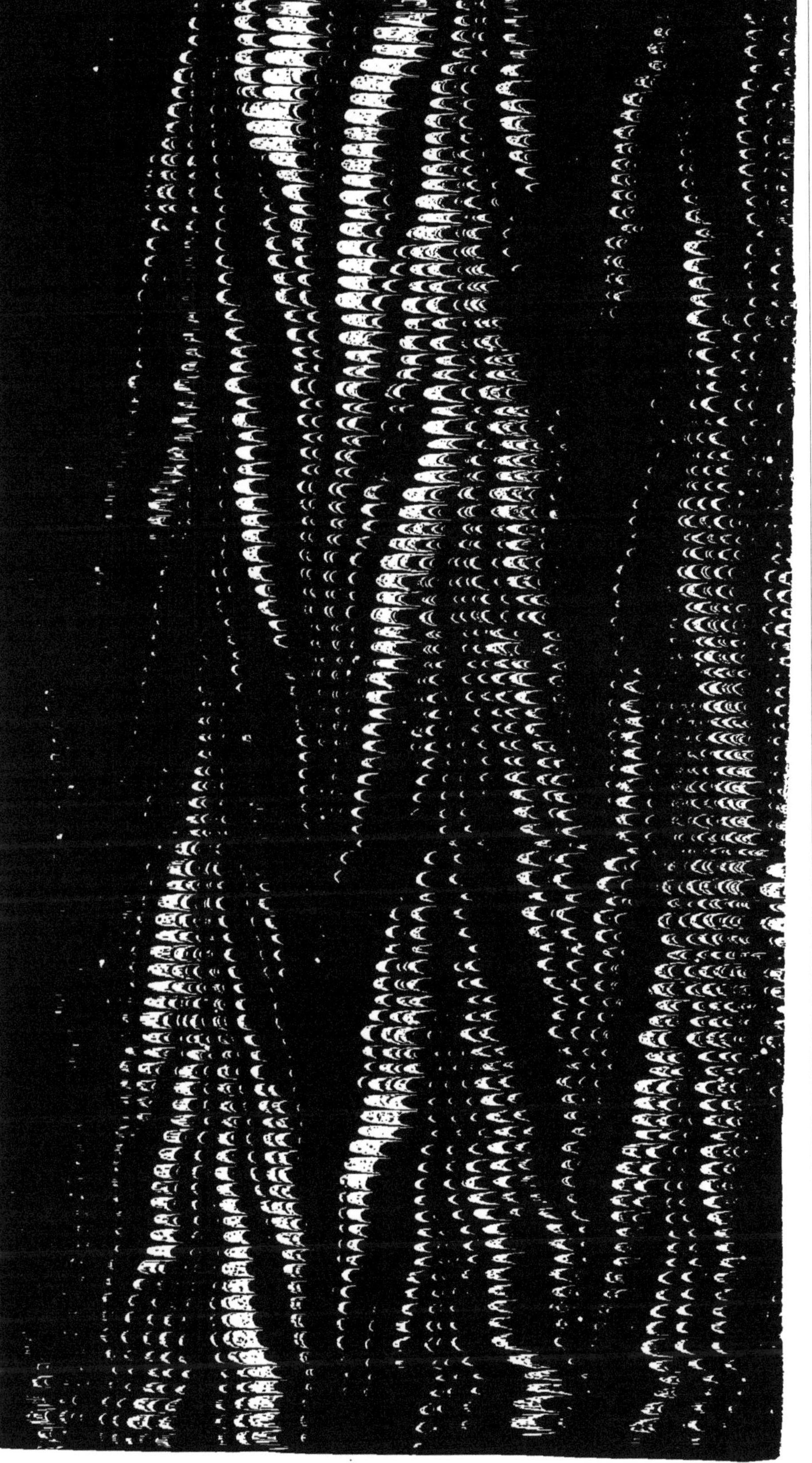

CONFÉDÉRATION

NATIONALE,

Ou récit exact & circonstancié de tout ce qui s'est
passé à Paris, le 14 juillet 1790,

A LA FÉDÉRATION.

CONFÉDÉRATION

NATIONALE,

Ou récit exact & circonstancié de tout ce qui s'est
passé à Paris, le 14 juillet 1790,

A LA FÉDÉRATION,

*Avec le recueil de toutes les pieces officielles & au-
thentiques relatives des principales Pieces littéraires
auxquelles elle a donné lieu, & le détail de toutes
les circonstances qui ont précédé, accompagné & suivi
cette auguste cérémonie.*

Avec cinq gravures.

A PARIS,

Chez GARNÉRY, libraire, rue Serpente, n°. 17.

L'AN SECOND DE LA LIBERTÉ.

CONFÉDÉRATION

NATIONALE.

Projet d'un pacte fédératif (1).

LES affiliations succeffives des gardes nationales avec celles de Paris, ont fait imaginer le
projet de former un pacte d'alliance générale
avec toutes les provinces du royaume, dont
l'exécution doit avoir lieu le 14 juillet prochain,
au champ de Mars. Plufieurs comités de députés de diftricts fe font tenus pour cet objet à
l'hôtel-de-ville, & il a été arrêté qu'on deman-
deroit l'avis de tous fur le projet d'adreffe tant
à l'Affemblée nationale qu'aux provinces, avant
d'effectuer l'un & l'autre.

*Adreffe du comité de fédération à l'Affemblée
nationale.*

LE famedi 5 juin, MM. les députés du comité,
ayant à leur tête M. Bailly, ont été admis à la
barre, & y ont fait la lecture de l'adreffe des

A

citoyens de Paris au peuple français. Elle étoit terminée par une pétition particuliere à l'Assemblée nationale:

Discours prononcé par M. le Maire, à la tête des Députés de la Commune de Paris, dans l'Assemblée nationale.

MESSIEURS,

» Un nouvel ordre de choses s'éleve & va régénérer toutes les parties du royaume, comme toutes les branches de l'administration. Déja la division des provinces ne subsiste plus; cette division qui faisoit en France comme autant d'états séparés & de peuples divers. Tous les noms se confondent dans un seul. Un grand peuple ne connoît que le nom de Français; c'est le nom d'un peuple libre : il n'y a plus qu'un devoir; celui de la soumission à la loi & au roi; il n'y a plus qu'un sentiment, celui de l'amour & de la fraternité. C'est sur ces bases que vont reposer & la paix & la prospérité de cet empire. Notre union fait notre force; il est donc important pour la chose publique, que cette union soit de plus en plus étendue & limitée.

(3)

Déja des affurances de fraternité circulent
dans toures les villes du royaume ; déja des
fédérations particulieres fe font établies entre
les gardes nationales ; la capitale a reçu de
toutes parts, & des gages d'amitié, & des
promeffes de fecours. La commune de Paris eft
empreffée de rendre & ces promeffes & ces
témoignages d'amitié ; elle a adhéré à plufieurs
de ces fédérations ; elle eft jaloufe d'en propofer une à fon tour. Toutes nos feĉtions fe
font réunies pour un même fentiment & pour un
feul vœu, c'eft celui d'une fédération générale de
tous les départemens, celui de ne plus former
qu'une garde nationale, animée du même efprit, pour défendre la liberté publique, pour
faire refpeĉter les lois de l'empire, & l'autorité légitime du monarque. On admire par-tout
le zele, le courage & le patriotifme de la
garde nationale ; nous en pouvons juger ici
par l'armée parifienne : on voit que c'eft la
vertu civique qui lui a fait prendre les armes ;
& en obfervant la compofition & la tenue de
ce corps, qui a cru tout-à-coup au milieu de
nous, on reconnoît un général-citoyen qui
commande une armée de citoyens.

La fédération de tous les corps civils & de
toutes les gardes nationales du royaume, doit

(4)

être faite & jurée par des députés réunis dans une seule ville ; & si nous osons proposer l'enceinte de nos murs pour cette auguste réunion, c'est qu'elle doit être établie sous la protection de la loi, en présence des législateurs qui en font la source , & du meilleur des rois, qui est dépositaire de la force publique. C'est devant vous, & sous ses yeux, que doit s'opérer tout ce qui peut contribuer au salut de la France & au bonheur du Peuple.

Nous proposons à nos freres de venir, par députés des districts & des départemens, se réunir à nous dans nos murs, en votre présence , & d'ajouter au serment civique déja prêté par tous les Français , celui d'être tous inséparablement unis, de nous aimer toujours, & de nous secourir en cas de nécessité, d'un bout du royaume à l'autre; & nous proposons que cette réunion, cette fédération générale, soit jurée le 14 juillet prochain, que nous regardons tous comme l'époque de la liberté. Ce jour sera destiné à jurer de la défendre & de la conserver.

Cette liberté vous est due, messieurs; c'est sur vos décrets qu'elle est établie ; c'est sur la loi qu'elle repose. Nous desirons que cette fédération générale obtienne votre suffrage ; nous demandons que vous l'honoriez de votre présence.

(5)

Alors vous entendrez autour de vous répéter le cri de VIVE LA LOI, & cette loi eſt votre ouvrage. Le roi verra un grand nombre de ſes enfans ſe preſſer autour de lui, élever un cri de VIVE LE ROI, prononcé par la liberté, & ce cri ſera celui de la France entiere.

———

Rapport fait le 7 par M. l'évéque d'Autun, au nom du comité de conſtitution, ſur la forme de la convocation des députés des gardes natio-nales & des troupes de ligne, & ſur la ſolen-nité de cette grande fête nationale.

Après quelques réflexions ſur la dignité qu'il convient de donner à une fête dont le ſouvenir doit ſervir au reſpect qu'inſpirera la conſtituzion, & l'économie cependant qui doit accompagner cette dignité chez une nation libre, qui ne veut plus voir de magnificence dans ce qui ruine le peuple, M. l'évêque d'Autun a propoſé le projet de décret ſuivant :

ARTICLE PREMIER.

» Le directoire de chaque diſtrict du royaume, & dans le cas où le directoire ne ſeroit pas

A 3

encote en activité, le corps municipal du chef-lieu de chaque district, est commis par l'Assemblée nationale, à l'effet de requérir les commandans de toutes les gardes nationales du district; d'assembler lesdites gardes chacune dans son ressort : lesdites gardes ainsi assemblées, choisiront 6 hommes sur 100, pour se réunir, au jour fixé par le directoire ou par le corps municipal requérant, dans la ville chef-lieu du district. Cette réunion de députés choisira, en présence du directoire ou du corps municipal, dans la totalité des gardes nationales du district, un homme par 200, qu'elle chargera de se rendre à Paris, à la fédération générale de toutes les gardes nationales du royaume qui aura lieu le 14 juillet.

Art. II.

» Les directoires ou les corps municipaux fixeront, de la maniere la plus économique, la dépense à allouer aux députés pour le voyage & le retour, & cette dépense sera supportée par chaque district.

Art. III.

» Le roi sera supplié de donner les ordres

néceffaires pour que les régimens de l'armée députent chacun un officier, un bas-officier & un foldat, chargés de fe rendre à la même fédération ».

Motion de M. de la Fayette à l'Affemblée nationale,
le 7 juin.

Quelque empreffé que je fois de célébrer les fêtes de la liberté, & nommément les 14 & 15 juillet, j'aurois fouhaité que l'époque d'une confédération générale fût moins déterminée par des fouvenirs que par les progrès de nos travaux ; non que je parle ici des décrets réglementaires ou législatifs, mais de cette déclaration des droits, de cette organifation de l'ordre focial, de cette diftribution de l'exercice de la fouveraineté, qui forment effentiellement une conftitution. C'eft pour elle que les Français font armés & qu'ils fe confédèrent. Puiffions-nous, meffieurs, animés par l'idée de cette fainte réunion, nous hâter de dépofer fur l'autel de la liberté un ouvrage plus complet ! L'organifation des gardes nationales en fait partie ; par elle la liberté françaife eft garantie à jamais : mais il ne faut pas qu'à cette grande idée d'une nation tranquille fous fes drapeaux civiques , puiffent fe mêler un jour de ces combinaifons individuelles qui compromettroient l'ordre public , peut-être même la conftitution. Je crois, meffieurs, qu'au moment où l'Affemblée nationale & le roi impriment aux confédérations un fi grand caractere, où toutes vont fe réunir ici par députés, il convient de prononcer un principe fi inconteftable , que je me contente de propofer le décret fuivant.

» L'Affemblée nationale décrete comme principe conftitutionnel, que perfonne ne pourra avoir un commandement de gardes nationales dans plus d'un département, & fe réferve de délibérer fi ce commandement ne doit pas même être borné à l'étendue de chaque diftrict. »

Le décret a été adopté.

Décret fur l'admiffion des milices nationales & troupes de ligne à la fédération générale.

» ART. Ier. Le directoire de chaque diftrict du royaume, & dans le cas où le directoire ne feroit pas encore en activité, le corps municipal du chef-lieu de chaque diftrict, eft commis par l'Affemblée nationale à l'effet de requérir les commandans de toutes les gardes nationales du diſtrict, d'aſſembler leſdites gardes dans ſon reſſort : leſdites gardes ainſi aſſemblées choiſiront ſix hommes ſur cent pour ſe réunir au jour fixé par le directoire ou par le corps municipal requérant, dans la ville chef-lieu du diſtrict. Cette réunion de députés choiſira, en préſence du directoire ou du corps municipal, dans la totalité des gardes nationales du diſtrict, un homme par deux cents, qu'elle chargera de ſe rendre à Paris à la fédération générale de toutes les gardes nationales du royaume, qui aura lieu le 14 juillet ».

» Les diſtricts éloignés de la capitale de plus de 100 lieues, auront la liberté de n'envoyer qu'un député par 400.

» Le directoire de chaque diſtrict, ou, à ſon défaut la municipalité du chef - lieu de diſtrict que l'Aſſemblée a commiſe par l'article précédent, fixeront de la maniere la plus economique, la dépenſe allouée aux députés, pour le voyage & le retour, & cette dépenſe ſera ſupportée par chaque diſtrict (2) ».

Tous les corps militaires, ſoit de terre, ſoit de mer, nationaux ou étrangers, députeront à la fédération patriotique, conformément à ce qui ſera réglé ci-après.

I. Chaque régiment d'infanterie ou d'artillerie députera l'officier le plus ancien de ſervice parmi ceux qui ſont préſens au corps, le bas-officier le plus ancien de ſervice parmi ceux qui ſont préſens au corps, & les quatre ſoldats les plus anciens de ſervice préſens au corps, & pris indiſtinctement parmi les caporaux, appointés, grenadiers, chaſſeurs, fuſiliers ou tambours & muſiciens du régiment.

II. Le régiment du Roi & celui des Gardes-ſuiſſes, à raiſon de leur nombre, enverront une députation décuple de celle fixée pour les régimens ordinaires.

III. Les bataillons de chaſſeurs à pied députeront un officier, un bas-officier & deux chaſ-ſeurs, conformément aux regles preſcrites pour les régimens d'infanterie.

IV. Le corps des ouvriers de l'artillerie & celui des mineurs députeront chacun un officier, un bas-officier & deux ſoldats, comme pour le ba-taillon de chaſſeurs à pied.

V. Les mêmes regles déſignées ci-deſſus ſe-ront obſervées par tous les régimens de cava-lerie, dragons, chaſſeurs & huſſards, avec cette différence, qu'ils ne députeront qu'un officier, un bas-officier & deux cavaliers ſeulement. Le ſeul régiment des carabiniers, double en nombre des régimens de cavalerie ordinaire, aura une députation double de ces derniers.

VI. Le corps royal du génie députera le plus ancien officier de chaque grade, & à égalité d'ancienneté, le rang de promotion décidera.

VII. La maréchauffée fera repréfentée par les quatre plus anciens officiers, les quatre plus anciens bas-officiers, & les douze plus anciens cavaliers du royaume.

VIII. La compagnie de la Connétablie fera repréfentée par le plus ancien individu de chaque grade d'officier, de bas-officier & cavalier.

IX. Par égard pour de vieux militaires qui ont bien mérité de la patrie, & qui ont acquis le droit de fe livrer au repos, le corps des invalides fera repréfenté par les quatre plus anciens foldats retirés à l'hôtel royal des Invalides.

X. Les commiffaires de guerre feront repréfentés par un commiffaire ordonnateur, un commiffaire ordinaire, & un commiffaire éleve, le plus ancien de chacun de ces grades.

XI. Le corps des lieutenans des maréchaux de France fera repréfenté par le plus ancien d'entre eux.

XII. Quant aux compagnies de la maifon militaire du roi, de celle des freres de fa majefté, & tous autres corps militaires non réunis, ils feront repréfentés chacun par le plus ancien de chaque grade.

XIII. En cas d'égalité de fervice, le plus ancien d'âge aura la préférence.

XIV. Les maréchaux de France, les lieutenans-généraux, les maréchaux de camp, & les grades correfpondans de la marine députeront les deux plus anciens officiers de ces différens grades.

XV. L'Affemblée nationale déclare qu'elle n'entend rien préjuger fur l'influence ou le rang des corps militaires ci - deffus dénommés , & même de ceux qui ne le font pas .

Articles propofés par le comité de la marine.

XVI. Les deux plus anciens officiers de chaque grade actuellement en fervice dans chacun des ports de Breft , Toulon & Rochefort, feront députés , au nom du corps de la marine, à la confédération générale indiquée pour le 14 juillet.

XVII. Chacune des divifions du corps royal des canonniers-matelots , actuellement en fervice dans les ports de Breft , Toulon & Rochefort, députera le plus ancien des officiers-majors & fous-lieutenans de la divifion, le plus d'ancien des bas-officiers, & les quatre plus anciens canonniers-matelots.

XVIII. Les ingénieurs-conftructeurs de la marine fervant dans chaque port, députeront le plus ancien d'entre eux.

XIX. Les maîtres de toute efpece, & les officiers mariniers entretenus dans chaque port, députeront le plus ancien de fervice d'entre eux, & l'ancienneté fera comptée par les fervices de mer.

XX. Parmi les éleves & les volontaires de la marine, fera député le plus ancien d'entre eux, dans chacun des trois ports de Breft, Toulon & Rochefort.

XXI. Les commiffaires-généraux & ordinaires des ports & arfenaux, & autres corps, députeront les plus anciens d'entre eux.

XXII. Les capitaines de navires marchands de chaque port enverront le plus ancien (3) d'entre eux.

XXIII. M. Albert, ci-devant de Rioms, fera admis à la fédération générale, pour y prêter le ferment civique en fon nom, & en celui de l'efcadre dont le commandement lui eft confié(4).

Décret fur les officiers des chaffes.

XXIII. Les officiers & les commiffaires des

chaſſes auront des repréſentans à la fédération générale.

Adreſſe des citoyens de Paris à tous les Français.

CHERS FRERES ET BRAVES AMIS,

» Jamais des circonſtances plus impérieuſes » n'ont invité *tous les Français* à ſe réunir dans » un même eſprit, à ſe rallier avec courage » autour de la loi, & favoriſer de tout leur » pouvoir l'établiſſement de la conſtitution (*) ».

Ce vœu que vient d'exprimer le plus chéri des rois, ce vœu que nous avous tous formé, nous vous propoſons de l'accomplir aujourd'hui.

Dix mois ſont à peine écoulés depuis l'époque mémorable où, des murs de la Baſtille conquiſe, s'éleva un cri ſoudain : *Français, nous ſommes libres.* Qu'au même jour, un cri plus touchant ſe faſſe entendre : *Français, nous ſommes freres.*

Oui, nous ſommes freres, nous ſommes libres, nous avons une patrie. Trop long-temps courbés ſous le joug, nous reprenons enfin

---

(*) Proclamation du roi, du 23 mai 1790.

(15)

l'attitude fiere d'un peuple qui reconnoît fa dignité.

L'édifice de la conftitution s'éleve ; & contre lui viendront fe brifer les orages politiques, les efforts de l'intérêt, de l'envie & du temps.

Nous ne fommes plus ni Bretons ni Angevins, ont dit nos freres de la Bretagne & de l'Anjou ; comme eux nous difons : *Nous ne fommes plus Parifiens, nous fommes Français.*

Vos exemples nous ont infpiré une grande penfée ; vous l'adopterez , elle eft digne de vous.

Vous avez juré d'être unis par les liens indiffolubles d'une fainte fraternité, de défendre, jufqu'au dernier foupir, la conftitution de l'état, les décrets de l'Affemblée nationale & l'autorité légitime de nos rois : comme vous , nous avons prêté ce ferment augufte ; faifons, il en eft temps, faifons , de toutes ces fédérations particulieres, une confédération générale.

Qu'il fera beau le jour de l'alliance des Français ! Un peuple de freres, les régénérateurs de l'empire, un roi citoyen, ralliés pour un ferment commun à l'autel de la patrie ; quel fpectacle impofant & nouveau pour les nations ! .

Nous irions aux extrémités du royaume nous unir à vous pour cette folennité ; mais c'eft dans nos murs qu'habitent nos légiflateurs & notre roi ; la reconnoiffance nous retient & vous appelle auprès d'eux : nous leur offrirons enfemble, pour prix de leurs vertus & de leurs travaux, le tableau d'une nation reconnoiffante, heureufe & libre.

Vous ferez avec nous, braves guerriers, nos freres d'armes & nos amis, vous qui nous avez donné l'exemple du civifme & du courage, vous qui avez trompé les projets du defpotifme, & qui avez fenti que fauver la patrie, c'étoit accomplir vos fermens.

Et vous dont la préfence nous eût été fi chere, Français que les mers ou d'immenfes intervalles féparent de vous, nous apprendrez, en recevant l'expreffion de nos regrets, que nous nous fommes rapprochés par la penfée, & que malgré les diftances, vous étiez placés au milieu de vos freres, à la fête de la patrie.

C'eft le 14 juillet que nous avons conquis la liberté, ce fera le 14 juillet que nous jurerons de la conferver ; que le même jour, à la même heure, un cri général, un cri unanime retentiffe dans toutes les parties de la France: *Vive la nation, la loi & le roi !* Que ce cri foit à jamais celui de ralliement des amis de la patrie, & la terreur de fes ennemis.

De

De fes ennemis !..... Non, Français, la patrie, la liberté, la conftitution n'auront plus d'ennemis dès que nous aurons environné de toute la force publique, ces objets facrés de notre culte & de notre amour. Alors tous ces hommes qui portent encore & femblent chérir leurs fers, s'éleveront à la hauteur de nos communes deftinées, ils afpireront à l'honneur de voir leurs noms infcrits dans ce pacte de famille, monument de notre gloire & garant éternel de la félicité de cet empire.

Nous fommes avec un attachement inviolable, chers freres & braves amis, vos compatriotes,

Les citoyens affemblés de tous les diftricts de Paris.

LA FAYETTE, commandant général de la garde nationale parifienne. BAILLY, maire de Paris. CHARON, préfident des députés de la commune de Paris pour la fédération nationale. PASTORET, LAFISSE, fecrétaires.

---

*Discours de M. Bailly au roi, en présentant
les députés de la commune pour le pacte fédératif,
le 11 juin.*

SIRE,

Les députés des soixante sections représentant la commune de Paris, ont proposé de faire une fédération générale des gardes nationales & des troupes de ligne du royaume, en présence de l'Assemblée nationale & sous les yeux de votre majesté. Cette proposition a été agréée, la fédération décrétée par l'Assemblée nationale, & votre majesté l'a revêtue de sa sanction royale. Nos vœux paroissoient donc remplis, & ils le seroient en effet, s'il ne restoit pas toujours à des Français le vœu de paroître devant votre majesté. Nous venons lui témoigner & notre amour & notre reconnoissance.

Nous venons lui demander d'honorer notre fédération patriotique de ses bontés & de sa bienveillance. Lorsque tous les cœurs sont à elle, ce sont des bras qui s'arment & s'unissent pour la servir. Votre majesté a daigné dire que la garde nationale ne feroit jamais étrangere à la garde de fa perfonne : ces paroles font déja dans nos cœurs ; elles vont retentir dans tout le royaume. Tous les Français qui fe réuniront à Paris viendront fe preffer autour du reftaurateur de la liberté publique ; ils béniront le pere du peuple ; & lorfqu'une garde fera conftituée auprès de votre perfonne facrée, votre majefté aura encore une garde précieufe & fidele, celle de l'amour d'un grand peuple.

RÉPONSE DU ROI.

J'ai fanĉtionné volontiers le décret de l'Affemblée nationale fur le paĉte de fédération que vous lui avez propofé, & je verrai avec plaifir la réunion des députés des gardes nationales & des corps d'armée dans la capitale.

Lettre adreffée par M. Manuel, adminiftrateur du département de police, aux divers journaux.

Hôtel de la Mairie, ce 14 juin.

MESSIEURS,

Le grand jour approche qui doit effacer tous les plus beaux jours de la Grece & de

Rome. Est-il une nation dans l'histoire , dans la fable même , qui , pendant le court espace d'un an , corrigeant tout-à-la-fois ses princes , ses prêtres & ses juges , ait changé de lois & de mœurs ? Oui , de mœurs ; car il y a bien loin de ce peuple qui portoit le deuil de Cromwel , à celui qui porte le deuil de Franklin.

Quel spectacle , messieurs , pour l'univers que cet anniversaire de la liberté , où toute la France à Paris , croyant avoir fait un nouveau choix , criera jusqu'au ciel : *Vive Louis , premier Roi des Français !* Pourquoi faut-il que tous les rois ne méritent pas encore d'assister à cette fête , où ils jureront enfin , où ils signeront ensemble le bonheur des hommes ?

Je ne doute point , messieurs , que tous ces soldats , & ceux de la nation , & ceux du roi , qui accourent de toutes les provinces , pour se mêler , se confondre sous les drapeaux de la patrie , ne reçoivent , dans toutes nos villes hospitalieres , les marques d'estime que se doivent les défenseurs de la constitution. Mais c'est surtout aux conquérans de la Bastille à faire les honneurs de la France. Il faut qu'une armée qui ne sera qu'une famille , trouve nos maisons ouvertes comme nos cœurs.

Voulez-vous bien prévenir ceux de mes con-

citoyens qui feront jaloux de loger de nos freres, que j'infcrirai avec plaifir leur nom, leur
demeure & leurs offres. MANUEL, *adminiftr.*

---

*Arrêté des députés des foixante fections de la
commune de Paris, fur la lettre de M. Manuel.*

L'affemblée des députés des 60 fections de
la commune de Paris, réunis à l'hôtel-de-ville,
ayant entendu le rapport de fon préfident fur
une lettre adreffée au rédacteur du journal de
Paris, par une perfonne qui a figné *Manuel,
adminiftrateur*, laquelle perfonne s'attribue la
miffion d'infcrire à l'hôtel de la mairie les noms
des citoyens qui fe propofent de loger leurs
freres, députés des provinces pour la confédération nationale ; bien convaincue qu'elle n'a
délégué cette miffion à aucun particulier, pénétrée d'ailleurs de cette vérité, qu'aucun membre
du confeil de ville n'a pu enfreindre les con-
ventions arrêtées entre MM. les adminiftrateurs
& l'affemblée, qui confiftent à préparer, par
leurs commiffaires refpectifs, les opérations ul-
térieures du pacte fédératif, & à en référer
enfuite à l'affemblée générale ;

A arrêté que M. Manuel, adminiſtrateur, ſeroit invité de ſe rendre à l'aſſemblée, pour avoir de lui le déſaveu de la lettre en queſtion, ou pour expliquer ſes motifs dans le cas où il l'avoueroit. CHARON, *préſident.*

Lettre de M. Manuel aux députés des ſoixante ſections.

MESSIEURS,

Votre *arrêté* m'afflige ; car je ne le méritois pas. Celui qui, comme moi, ne tenant à ſa place que par le bien qu'il y fait, ſans crainte comme ſans eſpérance, s'immole à la choſe commune, a le droit d'être étonné quand il ne reçoit pas des marques d'eſtime.

Ce que j'ai fait, Meſſieurs, tout citoyen pouvoit le faire : c'étoit pour me délaſſer de mes peines publiques que je voulois avoir le plaiſir de compoſer moi-même la liſte des bons patriotes qui ſont fiers de loger un ſoldat.

Mais comme c'eſt vous, meſſieurs, qui préparez cette fête ſublime d'un peuple ſouverain, il eſt dans mes principes comme dans mes procédés de vous préſenter cette liſte civique : elle ſera imprimée ſous vos auſpices. Qui doit mieux

(23)

que vous mettre fur le *billet* de nos hôtes le cachet de la liberté ?

Un vœu m'échappe, meffieurs, & il eft permis à un adminiftrateur qui voit de près les maux qu'il cache. Puiffe une nouvelle *municipalité* figner le pacte de famille ! En cédant *l'écharpe*, je ne vous demanderai qu'un fufil (5).

Je fuis, &c. MANUEL.

Lettre de convocation particuliere pour chaque municipalité.

Paris, 12 juin 1790.

MONSIEUR LE MAIRE, MESSIEURS,

LE directoire du diftrict dont votre ville eft chef-lieu, n'étant peut-être pas encore organifé, nous avons cru devoir vous faire parvenir directement notre ADRESSE relative au PACTE FÉDÉRATIF NATIONAL projeté par la commune de Paris, & décrété par l'Affemblée nationale. Si le directoire n'eft point formé, nous vous prions d'envoyer au plutôt un exemplaire de cette ADRESSE à chacune des municipalités de votre diftrict, & de provoquer fur-le-champ

B 4

l'élection de ſes députés, conformément au décret de l'Aſſemblée nationale joint à l'ADRESSE.
Si au contraire le directoire eſt en activité, vous
voudrez bien lui remettre le paquet, en lui
faiſant pour nous la même invitation. Dans tous
les cas, meſſieurs, la juſte opinion que nous
avons de votre zele patriotique., ne nous permet pas de douter que vous ne concouriez, avec
toute la célérité qu'exige la circonſtance, avec
tout l'empreſſement qu'inſpire l'intérêt de la
choſe publique, à la formation de cette alliance
auguſte qui va réunir tous les Français de ſentimens, de volontés & d'affections.

Recevez dès-à-préſent, meſſieurs, avec l'expreſſion de notre reconnoiſſance, celle de l'attachement que vous a voué LA COMMUNE DE
PARIS.

Signé B A I L L Y, *maire de Paris*; CHARON,
*préſident des députés de la commune de Paris, pour
la confédération nationale*; PASTORET, *ſecrétaire.*

M. le Maire & MM. les Officiers municipaux
de........

Arrêté des députés des soixante sections de la commune de Paris, sur le même sujet.

L'assemblée des députés des soixante sections de la commune de Paris, réunis à l'hôtel-de-ville pour toutes les opérations relatives à la confédération nationale, ayant entendu le rapport que lui a fait le président, de divers articles insérés dans plusieurs journaux, tendant à égarer l'opinion sur les véritables coopérateurs, revêtus exclusivement des pouvoirs de la commune pour cet important objet; considérant que plusieurs assemblées sont tour à-tour désignées comme chargés de cette solennité, que même des particuliers se permettent de s'attribuer des missions à ce sujet, quoiqu'ils y soient en effet absolument étrangers; croyant devoir faire cesser ces incertitudes semées avec affectation, & s'opposer à toute atteinte portée aux droits de la commune résidant dans ses sections: déclare que la confédération nationale est confiée, jusqu'à son entiere exécution, à *cent vingt députés de Paris*, récemment unis aux administrateurs municipaux, & délibérant dans la salle de la reine à l'hôtel-de-ville, & que c'eſt à eux qu'il faut référer de tout ce qui a rapport au pacte fédératif. *Signé* CHARON, préſident ; LAFISSE, MOREAU, BARNIER, MATHIS, ſecrétaire.

Arrêté des ſoixante ſections, pour le logement des députés.

En conſéquence de l'arrêté des repréſentans de la commune, du 9 juin, toutes les ſections ont délibéré ſur la propoſition faite d'offrir aux députés pour le pacte national, des logemens chez les bourgeois de Paris. Elles ont toutes arrêté que les domiciliés de chaque ſection ſeroient invités à faire leur ſoumiſſion pour le nombre de députés qu'ils peuvent recevoir, que toutes ces ſoumiſſions ſeroient envoyées à l'hôtel de la mairie, où les députés qui voudroient loger chez leurs freres de Paris pourront, en conſéquence, s'adreſſer.

Inſtruction pour la confédération nationale.

Dès que l'adreſſe de la commune de Paris ſera parvenue dans les diſtricts, & diſtribuée dans les municipalités, les diſtriſts & les municipalités ſont invités à procéder, le plus promptement poſſible, à l'élection de leurs députés, dans la forme exprimée au décret de l'Aſſemblée nationale du 8 juin. Les régimens & autres corps militaires ſont également invités à ſuivre promptement, pour leurs députations, le mode preſcrit par le décret du 9, & à ſe conformer à cet égard aux ordres du roi.

Quoique le décret de l'Aſſemblée nationale n'appelle au paſte fédératif que les gardes nationales du royaume, la confédération ne ſera pas moins celle de tous les Français. Dans l'eſprit de la conſtitution, & dans l'état d'un peuple libre, tout citoyen doit être ſoldat. C'eſt ſous ce dernier rapport que tous les Français vont ſe réunir pour le maintien de la conſtitution, & c'eſt les armes à la main, qu'il leur convient de jurer de la ſoutenir.

Les députés de chaque diſtriſt repréſenteront donc bien réellement tous les citoyens de leur diſtriſt. En conféquence, ils feront munis des pouvoirs de tous leurs concitoyens, à l'effet d'adhérer pour eux au paſte fédératif national.

MM. les députés ſont invités à ſe rendre à Paris au plus tard pour le 12 juillet. Dès qu'ils feront arrivés, ils voudront bien ſe préſenter à l'hôtel de la mairie , au bureau de la confédération , pour y faire vérifier leurs pouvoirs ; ils y recevront une carte portant ces mots : *Confédération nationale.* Les diſtricts qui voudroient faire parvenir quelques obſervations , les adreſſeront à l'hôtel de la mairie , ſous le couvert de M. le maire de Paris , en diſtinguant leurs lettres par ces mots placés en tête : *Confédération nationale.*

La veille de la cérémonie , MM. les députés ſeront invités par une proclamation , à ſe raſſembler dans le lieu qui ſera déſigné. On y fera l'appel des diſtricts , qui ſe réuniront , pour repréſenter leurs départemens reſpectifs , d'où il réſultera quatre-vingt trois diviſions. Chacune de ces diviſions ſera diſtinguée par une banniere portant le nom de ſon département. La commune de Paris fera préparer à cet effet quatre-vingt-trois bannieres uniformes ; elles ſeront portées à la cérémonie par MM. les députés , qui les dépoſeront , à leur retour , dans le chef-lieu de leurs départemens , pour y ſervir de monument & de gage de la ſainte alliance contractée par tous les Français , pour y être portées dans les revues générales , & à la cérémonie du pacte fédératif qui ſe renouvellera tous les ans , à la même époque , dans chaque département.

Cette époque demeurera fixée au 14 juillet, jour mémorable auquel la France a conquis sa liberté.

MM. les députés des troupes de ligne auront à leur tête une oriflâme qui restera déposée dans la salle de l'Assemblée nationale.

Tous les citoyens du royaume voudront sans doute s'unir personnellement au pacte auguste & solennel que la nation va contracter. Ce sera le 14 juillet, à l'heure précise de midi, que le signal de la cérémonie sera donné à Paris. La commune de Paris invite toutes les municipalités du royaume à rassembler, le même jour & à la même heure, leurs communes respectives, conjointement avec les troupes de ligne qui se trouveront dans leurs arrondissemens, afin que le serment fédératif soit prononcé de concert, & au même instant, par tous les habitans & dans toutes les parties de cet empire.

Observation. Le directoire, ou à son défaut la municipalité du chef-lieu de chaque district, sont instamment priés de faire passer, le plus tôt possible, des exemplaires de *l'adresse de Paris* & de *l'instruction* à chacun des corps militaires ou autres désignés & dénommés dans le décret du 9 juin, qui pourront se trouver dans l'arrondiffement du diftrict. Il feroit à défirer auffi que cette adreffe, l'inftruction, les décrets & les pieces qui y font relatives, fuffent lus au prône de chaque paroiffe (6).

———————

Difcours prononcé à la barre de l'Affemblée nationale, par M. Cloots du Val-de-Grace, orateur du comité des étrangers, le 19 juin 1790.

M E S S I E U R S ,

Le faifceau impofant de tous les drapeaux de l'empire français, qui vont fe déployer le 14 juillet dans le Champ - de - Mars, dans ces mêmes lieux où Julien foula tous les préjugés, où Charlemagne s'environna de toutes les vertus; cette folennité civique ne fera pas feulement la fête du genre humain. La trompette qui fonne la réfurrection d'un grand peuple, a retenti au quatre coins du monde, & les champs d'alégreffe d'un chœur de 25 millions d'hommes libres, ont réveillé des peuples enfevelis dans un long efclavage. La fageffe de vos décrets, meffieurs, l'union des enfans de la France, ce tableau raviffant donne des foucis amers aux def-

potes , & de juftes efpérances aux nations
affervies.

A nous auffi il eft venu une grande penfée ,
& oferions-nous dire quelle fera le complément
de la grande journée nationale ? Un nombre
d'étrangers de toutes les contrées de la terre
demandent à fe ranger au millieu du Champ-de-
Mars , & le bonnet de la liberté qu'ils éleveront
avec tranfport , fera le gage de la délivrance
prochaine de leurs malheureux concitoyens.
Les triomphateurs de Rome fe plaifoient à traî-
ner les peuples vaincus liés à leurs chars ; &
vous , Meffieurs , par le plus honorable des con-
traftes , vous verrez dans votre cortege des
hommes libres dont la patrie eft dans les fers ,
dont la patrie fera libre un jour par l'influence
de votre courage inébranlable & de vos lois
philofophiques. Nos vœux & nos hommages
feront les liens qui nous attacheront à vos chars
de triomphe.

Jamais ambaffade ne fut plus facrée. Nos lettres de créance ne font pas tracées fur le par-
chemin , mais notre miffion eft gravée en chiffres
ineffaçables dans le cœur de tous les hommes ;
& grace aux auteurs de la déclaration des droits ,
ces chiffres ne feront plus inintelligibles aux
tyrans.

Vous avez reconnu authentiquement , meſſieurs , que la ſouveraineté réſide dans le peuple.
Or , le peuple eſt par-tout ſous le joug de
diſtateurs qui ſe diſent ſouverains en dépit de
vos principes. On uſurpe la diſtature , mais la
ſouveraineté eſt inviolable , & les ambaſſadeurs
des tyrans ne pourroient honorer votre fête
auguſte comme la plupart d'entre nous , dont
la miſſion eſt avouée tacitement par nos compatriotes , par des ſouverains opprimés.

Qu'elle leçon pour les deſpotes ! quelle con-
ſolation pour les peuples infortunés, quand nous
leur apprendrons que la premiere nation de
l'Europe , en raſſemblant ſes bannieres , nous
a donné-le ſignal du bonheur de la France &
des deux mondes !

Nous attendrons , Meſſieurs , dans un reſ-
peſtueux ſilence , le réſultat de vos délibérations ſur la pétition que nous diſte l'enthouſiaſme
de la liberté univerſelle (7).

Proclamation

Proclamation du Roi , du 20 juin 1790 , qui accorde une prime de deux pour cent du prix de la vente des bestiaux amenés aux marchés de Sceaux & de Poiffy , à commencer du lundi 5 juillet prochain , jufque & compris le jeudi 22 du même mois.

Le roi s'étant fait rendre compte de la quantité de bestiaux que l'on amene habituellement aux marchés de Sceaux & de Poiffy , pour l'approvisionnement de fa bonne ville de Paris , fa majefté auroit lieu de croire que l'activité du commerce suffiroit à la confommation extraordinaire que doit occafionner l'affluence des étrangers qui feront attirés dans la capitale par la cérémonie nationale du 14 juillet prochain ; & néanmoins , pour ne laiffer aucune incertitude fur un objet auffi intéreffant , fa majefté a cru digne de fa follicitude paternelle d'appeler l'abondance par des moyens d'encouragement : en conféquence , le roi a ordonné & ordonne qu'à commencer du lundi 5 juillet prochain , jufque & compris le jeudi 22 du même mois , il fera payé , par les fermiers de la caiffe de Sceaux & de Poiffy à tous ceux qui ameneront des beſtiaux dans leſdits marchés , une prime de deux pour cent du prix de la vente , conſtaté par les regiſtres de ladite caiſſe.

* * *

Proclamation du 22 juin 1790, ſur la diſtribution des travaux par parties égales aux ſoixante ſections.

L'aſſemblée des députés des ſoixante ſections de la commune de Paris , pour la confédération nationale , ayant déterminé , conjointement avec MM. les commiſſaires du conſeil de ville , les travaux néceſſaires pour la fête de la confédération nationale du 14 juillet , & deſirant que tous les entrepreneurs & ouvriers de Paris domiciliés puiſſent participer à ſes travaux , a arrêté :

Que tous leſdits travaux ſeront diviſés en ſoixante parties , à raiſon d'une pour chaque ſection ;

Que tous ceux des entrepreneurs & ouvriers , maçons , menuiſiers , charpentiers , ferruriers & peintres qui voudront y concourir , iront ſe faire inſcrire au comité de leur ſection , dans le délai de trois jours , pour que leurs noms

envoyés à l'assemblée des députés de la confédération , il soit enfuite diftribué à chacun
d'eux , par les douze commiffaires nommés à
cet effet, un quantité d'ouvrages proportionnée
à leurs moyens :

A arrêté que les ouvriers ne feront employés que fous les ordres & par le choix des
entrepreneurs.

Arrêté en outre que le préfent fera imprimé & envoyé aux foixante fections , avec
priere de le faire connoître au plutôt aux différens entrepreneurs de leur arrondiffement.

*Avis du vendredi 12 juillet 1790 , fur la vérifi-
cation des pouvoirs des députés.*

Meffieurs les députés des différens diftricts
du royaume pour la confédération nationale,
font priés de fe rendre au couvent des *Jacobins
St-Honoré*, où fe tient le comité du pacte fédératif , deftiné à enregiftrer leurs pouvoirs
& à prendre note de leur demeure. Le bureau fera ouvert tous les jours, depuis neuf
heures du matin jufqu'à deux , & depuis cinq
heures du foir jufqu'à neuf.

Lettre aux auteurs de la Chronique de Paris sur l'arrivée des Bretons au pacte fédératif.

3 juillet 1790.

MESSIEURS,

On craignoit que les députés à la confédération du 14 n'arrivaffent à Paris comme nos officiers petits - maîtres fe rendoient à leur régiment, en voitures.

J'apprends avec plaifir que les Bretons, qui ont toujours donné de fi grands exemples, bravent en ce moment la fatigue comme ils affrontoient autrefois le defpotifme. Une route de cent lieues ne les a point effrayés : ce font des Spartiates qui accourent au pacte de famille.

Rennes a été le point de ralliement. Tous les députés de Bretagne en font partis jeudi premier juillet, en corps, avec armes, bagages, & à pied..... Je penfe qu'ils feront ici famedi. On faura plus précifément le jour de leur arrivée. Ils brûlent de fe précipiter dans les bras de leurs freres Parifiens, de fouler aux pieds les ruines de la Baftille. Ne feroit-ce pas à ceux qui l'ont conquife à leur faire les honneurs de la capitale ? Les laisseroit-on s'égarer en y entrant ? Quoi ! ils ne trouveroient ni embraffemens , ni efcorte , ni tambours , ni inftrumens militaires.

Toute la Grece fe leva devant Thémiftocle , lorfqu'il parut aux jeux olympiques : verrons-nous froidement entrer dans nos murs ceux qui, les premiers en France , ont élevé le bonnet de la liberté ? *Un Breton patriote.*

Extrait du procès-verbal de l'Affemblée nationale.

Du 8 juillet 1790.

L'Affemblée nationale , regrettant de ne pouvoir, d'après la multiplicité de fes travaux , admettre chaque députation particuliere des différens corps qui envoient des députés à la FÉDÉRATION du 14 juillet, déclare qu'elle ne recevra,

Qu'une feule députation au nom de toutes les gardes nationales de France ;

Une au nom des troupes de ligne à pied ;

Une au nom de toutes les troupes à cheval ;

C 3

Et une au nom des des différens corps réunis de la marine royale & marchande.

Collationné à l'original par nous préſident & ſecrétaires de L'ASSEMBLÉE NATIONALE. *A Paris, les même jour & an que deſſus.*

F. DE BONNAY, préſident; POPULUS, DE ROBESPIERRE, P. DE DELEY, REGNAUD, GARAT *aîné*, DU PONT, *ſecrétaires.*

Avis aux députés ſur la vérification des pouvoirs.

Du vendredi 9 juillet 1790

Meſſieurs les députés pour le pacte fédératif ſont prévenus que le bureau pour l'enregiſtrement de leurs pouvoirs eſt transféré des *Jacobins* à *l'hôtel-de-ville*, où il ſera ouvert depuis ſept heures du matin juſqu'à neuf heures du ſoir, ſans interruption.

Décret qui indique à qui seront confiés les détails relatifs au pacte fédératif.

Art. I. Le maire, six commissaires nommés par le conseil de ville, six autres pris dans les cent vingt nommés par les sections, donneront les ordres de détail.

II. Les cent quatorze commissaires restant vérifieront les pouvoirs des députés des provinces, & enregistreront les procès-verbaux.

III. Le maire & le commandant-général veilleront à la sûreté & à la tranquillité publiques.

La formule de serment sera conçue en ces termes :

Nous jurons d'être, &c. de protéger en particulier les propriétés individuelles, la libre circulation des subsistances, la perception des impôts, & de demeurer réunis à tous les Français par les liens indissolubles de la fraternité.

M. Barnave a ensuite élevé la voix pour dire qu'il faut se prémunir contre l'enthousiasme patriotique, & pour demander en conséquence que l'assemblée décrete qu'elle ne recevra aucune pétition, & ne délibérera pas hors du lieu ordinaire de ſes ſéances. Cette propoſition a été adoptée.

———

Proclamation du département des ſubſiſtances & approviſionnemens, qui dément le bruit qu'on avoit fait courir, que les voitures de proviſion n'entreroient point dans Paris la ſemaine de la fédération.

Le département ayant appris qu'il s'eſt répandu dans les environs de Paris & dans les marchés de cette ville, que les voitures de proviſions n'entreront pas dans Paris la ſemaine prochaine, croit devoir déſabuſer les perſonnes qui auroient une pareille idée. En conſéquence, oui & ce requérant le procureur-ſyndic de la commune,

On fait ſavoir que les voitures de proviſions de toute eſpece continueront à entrer & entreront comme à l'ordinaire dans Paris & dans les halles, tous les jours, excepté le *mercredi* 14 du courant, jour de la fête fédérative, où aucune voiture ne pourra entrer & rouler dans cette ville.

Fait au département, ce 6 juillet 1790.

Signé *Vauvilliers* , lieutenant-de-maire ,
Charpin, adminiftrateurs.

B. C. Cahier , procureur-fyndic-adjoint de la
commune.

COPIE d'une lettre écrite à M. LE MAIRE DE
PARIS , *par* M. GUILLAUMOT , *le* 6
juillet 1790.

MONSIEUR,

Vous me faites l'honneur de me demander
fi l'on peut affurer qu'il n'exifte aucunes fouilles
d'anciennes carrieres fous l'emplacement des
bâtimens de l'école militaire & du Champ-de-
Mars.

Non-feulement j'ai été raffuré à cet égard
par les renfeignemens que j'ai été dans le cas
de prendre en 1777 , lorfque le foin des travaux ordonnés dans les carrieres fous Paris &
plaines adjacentes m'a été confié ; mais ayant
depuis fait faire des ouvrages confidérables fous
le chemin de Paris à Vaugirard & dans les environs , j'ai eu occafion de connoître que les
bancs de pierres fe trouvent prefqu'à la furface
du fol , à peu de diftance de ce chemin en

allant vers l'école militaire ; enforte que, s'il a été fait quelques exploitations dans cet efpace, ce ne peut avoir été qu'à découvert, & non par cavage, qu'ainfi il ne peut fubfifter aucun vide fous cette partie de terrein.

Quant au fol fur lequel font établis les bâtimens de l'école militaire, il eft abfolument de fable au-deffous de la terre végétale, & trop bas pour qu'on ait pu en extraire autre chofe que ce foffile, ni y faire autres fouilles que celles néceffaires pour l'établiffement des caves & de l'aqueduc ou égoût qui conduit par-deffous le Champ-de-mars les eaux & les immondices de cette maifon à la riviere.

D'après ces connoiffances, on peut avec certitude affirmer qu'il n'exifte dans cette enceinte aucune fouille qui puiffe caufer la moindre inquiétude, ni occafionner aucun accident.

Acte de civifme des ci-devant gardes-françaifes.

Les *belles actions* ont befoin d'éclat; mais les *bonnes* fe font dans le filence, & n'en font que plus glorieufes.

Les perturbateurs du repos public avoient cherché à exciter les ci-devant gardes-françaifes

contre les volontaires de la baſtille, & les volontaires de la baſtille contre les ci-devant gardes-
françaiſes. Ces derniers viennent de tenir une
conduite qui porte un nouveau coup aux projets finiſtres de nos ennemis. Ils ſe ſont aſſemblés
dans la place Vendôme à quatre heures du matin, & là ils ont juré ſur ces mêmes armes qu'on
vouloit aiguiſer contre les citoyens, de ne s'en
ſervir que contre les ennemis de la révolution,
&, *provoqués ou non*, de remettre toute eſpece
de querelle à vider après la conſtitution &
lorſque la révolution ſeroit conſommée. Ils ont
préſenté leur arrêté à M. de la Fayette, qui a
donné les plus grands éloges à cette nouvelle
preuve de leur zele & de leur patriotiſme.

---

*Lettre aux Auteurs de la Chronique pour deman-
der la formation d'un club de la fédération.*

M E S S I E U R S,

Il a paru à quelques citoyens, qui ont vu
avec tant de plaiſir qu'on s'empreſſoit de loger
chez ſoi nos députés, qu'on pouvoit leur procurer encore un lieu d'aſſemblée où ils pourroient ſe réunir tous, & ils ont imaginé d'ap-

peler ce lieu *le club de la confédération*. Ils demandent qu'en conséquence l'archevêché leur foit ouvert avec fes jardins : cette idée ne peut manquer d'être le vœu de tout Paris. Dans quel endroit, en effet, les députés qui viennent des quatre coins oppofés du royaume, fe verroient-ils, fi on oublioit de leur ouvrir un pareil club ? Qu'au moment donc de leur arrivée, le Flamand puiffe rencontrer le Provençal ou le Languedocien, comme l'on difoit dans l'ancien ftyle. Aujourd'hui nous difons : Que le département de l'eft puiffe connoître ceux qui font envoyés de l'oueft : le département du nord, ceux qui viennent du midi, & qu'ils puiffent aller tous, comme partant d'une maifon commune, au Champ-de-Mars y jurer l'alliance nouvelle fur l'autel de la patrie. Si ce n'eft pas un petit avantage pour des concitoyens de s'être vus, connus, embraffés, eftimés avant une pareille confédération, en feroit-ce un moindre pour les Parifiens, de favoir où l'on pourra les voir tous enfemble, les ferrer dans fes bras, leur parler, & apprendre de leur bouche par quels dangers leurs perfonnes ont paffé depuis un an, pour arriver jufque dans cette capitale, où les cœurs ont tant de fois volé vers nous ? Ne vous figurez-vous pas, Meffieurs, l'em-

preſſement de tout le monde pour voir ſur-
tout les députés de Montauban & ceux de
Nîmes , les entendre, pleurer avec eux peut-
être , & déteſter cette ariſtocratie religieuſe &
noble , qui ne connoît de bonheur que dans
les abus , qu'une guerre civile n'effraie pas , &
qui piléroit comme dans un mortier des millions d'hommes , ſans remords & ſans pitié ,
pourvu qu'elle exiſte (*).

Vos Freres , citoyens de Paris.

*Proclamation du département de police , du mer-
credi 7 juillet 1790 , qui défend aux femmes
de la halle de ſe rendre aux barrieres pour offrir
des bouquets aux députés des départemens.*

Le département de police , informé que des
femmes ſe rendent en grand nombre aux
barrieres pour offrir des bouquets aux députés
des provinces que la fédération amène dans la
capitale, & qu'à forces d'inſtances & d'importunités , elles les contraignent à recevoir leurs
bouquets , & à leur faire des largeſſes ;

(*) Cette demande , qui méritoit quelque conſidération ,
n'a point été accueillie.

Confidérant que s'il eft permis à tous les bons citoyens d'exprimer le plaifir qu'ils éprouvent en voyant les membres de la famille nationale fe réunir autour de l'autel de la patrie, il feroit auffi contraire au bon ordre qu'à l'honneur de la capitale que ces démonftrations de joie couvriffent des vues intéreffées, & qu'on levât réellement une contribution en paroiffant ne préfenter qu'un hommage de fraternité ;

Oui & ce réquérant le procureur-fyndic de la commune,

Fait défenfes à toutes femmes, bouquetieres ou autres, de contraindre, par des importunités, qui que ce foit à recevoir des bouquets, foit aux barrieres, foit dans l'intérieur de la capitale ; mande au commandant-général de la garde-nationale, invite & autorife les comités des diftricts à tenir la main à l'exécution de la préfente ordonnance, qui fera imprimée & affichée.

Fait à l'hôtel-de-ville, le 7 juillet 1790.

Signé, *Bailly*, maire ; *du Port*, lieutenant-de-maire ; *P. Manuel*, confeiller-adminiftrateur ; *B. Cl. Cahier*, procureur - fyndic-adjoint de la commune.

Avis à MM. les députés de la confédération , sur la vérification des pouvoirs.

Du mercredi 7 juillet 1790.

Le comité séant aux *Jacobins de la rue Saint-Honoré*, pour la vérification & l'enregistrement des pouvoirs de MM. les députés, ainsi que pour la distribution des logemens , se propose de demeurer assemblé tous les jours, à compter de *jeudi* 8 de ce mois, depuis sept heures du matin jusqu'à neuf heures du soir, sans donner aucune interruption à son travail.

Proclamation du Roi sur le serment fédératif.

L'assemblée nationale décrete que les députés des gardes nationales & autres troupes qui viendront à Paris pour la fédération générale indiquée au quatorze de ce mois, y prêteront le serment qui suit :

» Nous jurons de rester à jamais fideles » à la nation, à la loi & au roi ;

» De maintenir, de tout notre pouvoir, la » constitution décrétée par l'assemblée nationale, » & acceptée par le Roi ;

» De protéger , conformément aux loix ,

» la sûreté des perfonnes & des propriétés ,
» la libre circulation des grains & fubfiftances
» dans l'intérieur du royaume , & la percep-
» tion des contributions publiques , fous quel-
» ques formes qu'elles exiftent ;
» De demeurer unis à tous les Français par
» les liens indiffolubles de la fraternité. «

Le roi a fanctionné & fanctionne ledit décret ,
& en ordonne l'exécution.

Fait à Paris le 7 juillet mil fept cent quatre-
vingt-dix.

Signé L O U I S ;

Et plus bas par le roi, G U I G N A R D.

*Lue & tranfcrite , à la requifition du procureur-
fyndic de la commune , fur les regiftres de la
municipalité, pour être exécutée fuivant fa forme
& teneur , imprimée , publiée , affichée dans le
jour , & envoyée aux fections.*

POUR EXTRAIT CONFORME : DE JOLY ,
membre & fecretaire du confeil de ville.

Détails fur le local deftiné à la fête fédérale.

Aucune nation ancienne ou moderne n'a
peut-être donné à la terre un fpectacle auffi
grand & auffi intéreffant que celui dont les
préparatifs

préparatifs occupent aujourd'hui tous les citoyens de la capitale. On fait que la commune
de Paris a nommé des commiffaires pour faire
toutes les difpofitions relatives à cette fête. Ils
viennent de rendre compte de leurs travaux dans
un rapport très-bien fait , que nous regrettons
d'être obligés d'abréger. En voici les principaux
détails.

» L'Affemblée nationale , en décrétant le
pacte fédératif , qu'elle a fixé au 14 juillet ,
a voulu qu'un ferment augufte & public , réu-
niffant au même inftant tous les citoyens du
même empire , les liât d'un nœud indiffoluble ,
& les affociât à la gloire & à la confervation
de l'ouvrage qu'elle va terminer , qui affure la
liberté & le bonheur de tous les Français.

» Cette cérémonie impofante , qui appelle
& raffemble dans la capitale les députés de tous
les départemens & de toutes les troupes du
royaume ; ce fpectacle fuperbe d'une nation
tout entiere , qui vient librement renouveler
fes engagemens de fraternité mutuelle & de
fidélité à la loi , devroit , s'il étoit poffible ,
avoir pour témoin tous les habitans de l'u-
nivers. «

» Le premier devoir des Commiffaires étoit
donc de la fixer dans un lieu vafte , qui , réu-

D

niffant l'efpace à la proximité , préfentât le plus
de facilité & d'économie pour les difpofitions ,
& le plus d'étendue dans fes dimenfions. »

« Quatre endroits différens ont été propofés,
la plaine Saint-Denys , la plaine de Grenelle ,
la plaine des Sablons & le Champ-de-Mars. »

« Les Commiffaires expofent dans leur
rapport les motifs qui leur ont fait rejeter
les trois premiers emplacemens, & choifir le
dernier. «

« Le Champ-de-Mars , dont le nom appelle
une fête militaire , orné de quatre rangées d'arbres intérieures , & de quatre autres extérieures ,
terminé d'un côté par un bâtiment vafte qui
offre des reffources , de l'autre côté , par un fuperbe amphithéâtre , qui femble placé exprès
pour réunir , fans fatigue & fans danger , un
nombre confidérable de fpeftateurs , qui ne
contient ni récolte ni productions , qui eft dans
l'intérieur des murs de la ville , & ne porte
pas à une trop grande diftance , ni les citoyens
que leur curiofité attire , ni les troupes qui
veillent à leur sûreté & à leur tranquillité ,
raffemble tous les avantages que la prudence
pouvoit défirer. »

» Pour l'arranger & le décorer d'une maniere
convenable , ils ont follicité les fecours de l'art

& le génie des artistes. Tous ont été invités à faire hommage à la patrie de leurs idées, & c'est avec le plus grand plaisir qu'ils ont vu le zèle dont étoient pénétrés tous les artistes de la capitale, & le noble enthousiasme dont ils étoient animés. Mais dépositaires de la confiance de leurs concitoyens, obligés d'être séveres sur les dépenses, & devant laisser à cette fête ce ton de simplicité qui lui convient si bien, il a fallu que leur choix sur les préparatifs fût dicté par ces principes; il a fallu que, dans la multitude des propositions qui ont été faites, ils préférassent celles qui joignoient la commodité à la sagesse & à la sûreté. Aussi, corrigeant un plan par un autre, empruntant successivement tout ce qui pouvoit seconder leurs vues & celles de la commune, le plan qu'ils ont arrêté n'est-il, pour ainsi dire, qu'un résultat des idées qu'ils ont puisées dans tous les dessins qu'on a mis sous leurs yeux.

» On n'a employé de charpente que celle qui étoit indispensablement nécessaire, & dont on pouvoit répondre. On a supprimé les échaffauds pour le public parce que, construits à la hâte, & établis pour un temps fort court, la négligence qu'on y met quand on les multiplie, entraîne presque toujours des accidens, &

mêle à presque toutes les fêtes des souve-
nirs funestes. Mais , pour conserver à l'enceinte
qui réunira les spectateurs l'avantage que donnent
les amphitéâtres , & les mettre tous à portée de
voir également , on a formé autour du Champ-
de-Mars un glacis en terre , qui , graduelle-
ment élevé , portera trente rangs de gradins dans
tout le pourtour , & fournira *cent soixante
mille places commodes* , où seront assis tous les
citoyens. Le reste du glacis pouvant contenir
cent mille personnes & plus , debout , fera du
Champ-de-Mars une salle immense , qui , in-
pendamment de l'assemblée nationale , du roi ,
de toute la cour , des députés des différentes
communes , & de tous ceux qui seront nécessaires à la fête , rassemblera environ trois cent
mille spectateurs. «

» Un autel simple , posé sur un stylobate
carré , élevé de vingt-cinq pieds , & posé sur
de larges gradins , sera la noble & seule décoration de ce temple. «

»Un arc de triomphe le fermera , & sa plus
belle parure, son luxe le plus pompeux , sera
une foule immense d'hommes libres , qui n'é-
tant enfermés dans aucuns murs , & n'ayant rien
qui les cache au ciel qui les écoute , seront témoins & acteurs de cette scène superbe , &

joindront au ferment qu'on prononcera devant eux , les tranfports d'une véritable ivreffe & les cris de la reconnoiffance.«

» Quand à la sûreté intérieure & extérieure , il n'eft pas de foins que les commiffaires n'aient cru devoir prendre. «

» Pour l'ordre , la marche & les détails , on publiera inceffamment le programme qui doit les contenir , & qui n'eft retardé que par l'immenfité des foins , des préliminaires & des arrangemens dont il faut s'occuper. «

» Par cet expofé fimple , & dont les circonftances ordonnent la briéveté , tous les citoyens jugeront quelle confiance on doit aux calomnieufes imputations , aux dangereux rapports répandus avec une coupable profufion dans le public.

Signé *Charon* , préfident de la commune pour le pacte fédératif ; *Avril* , *Pons de Verdun* , *J. L. Brouffe* , *Jallier* , *A.-C.-F. Champion* , *Mathis* , *Célérier* , *le Mit* , *de Bourges* , *Defmouffeaux* , *Lafiffe* , tous commiffaires nommés pour le pacte fédératif.

Lettre de M. Hernu à la Chronique de Paris, pour offrir aux députés de partager la garde du roi.

Chacun de nous se dispose à donner à nos freres d'armes, qui vont se rendre ici de toutes les parties du royaume, des marques sinceres de cordialité & de fraternité. La plus agréable, la plus flatteuse que nous puissions leur témoigner, seroit de les inviter à partager avec nous, durant vingt-quatre heures chacun, la jouissance de garder un monarque chéri, & qui ne veut être que le premier citoyen de son royaume. Il me semble déja les voir tressaillir de joie à cette proposition. Avec quel transport ils raconteront, à leur retour dans les provinces, le plaisir qu'ils auront éprouvé à remplir un poste si honorable.

HERNU, soldat citoyen du district
des Filles-Saint-Thomas.

Lettre de M. le Maire de Paris aux soixante sections, sur la prohibition des jeux.

MESSIEURS,

Vous avez dû avoir communication du jugement rendu par le tribunal de police, contre

les jeux prohibés & contre les maisons où ces
jeux sont établis malgré les défenses. Ce jugement renouvelle les lois sages qui ont été
portées contre cet abus funeste. Il rappelle notamment la déclaration du roi du 1er. mars
1781 , & l'arrêt de règlement du 9 janvier 1789.
Ce jugement invite les comités & les commissaires des sections à veiller sur ces maisons ,
& à les dénoncer au procureur-syndic. Le devoir de ma place est de faire exécuter les lois ;
je crois donc , Messieurs, remplir ce devoir,
en vous demandant l'exécution rigoureuse & de
la déclaration du roi & de l'arrêt de règlement
& du jugement du tribunal de police qui en
renouvelle les dispositions. Je dois, Messieurs,
vous prévenir , & déclarer que ces dispositions
n'ont rien de comminatoire, qu'elles sont tout
entières de rigueur. Il ne faut pas nous le
dissimuler : le désordre, la licence, l'anarchie,
qui accompagnent nécessairement le grand chan-
gement d'un état de choses à un autre, ont
favorisé tous les abus & particulièrement celui
du jeu. Ces maisons où l'on joue, & où la
fortune des citoyens va s'engloutir, se font
tellement multipliées, & la licence marche
tellement à découvert, que dans certains quartiers on rencontre à chaque pas des maisons de

cette efpece , & que même il a des gens placés pour diftribuer des cartes & pour inviter d'y entrer. Ce défordre , s'il fubfiftoit plus long-temps, feroit accufer l'adminiftration. Si jufqu'ici la force publique n'a pu fe rendre maîtreffe & réprimer cet abus , aujourd'hui qu'elle eft dans fa plénitude , elle doit agir pour le maintien des lois & la confervation des mœurs. Un des abus les plus condamnables de l'ancien régime étoit la tolérance des maifons de jeu ; un des abus les plus honteux étoit le tribut qu'on levoit fur ces maifons. Qu'on n'allègue point que ce produit étoit employé à un ufage utile ; l'emploi le plus légitime de ce produit n'en purifie pas la fource impure. Il faut aujourd'hui que nous faffions le bien , toujours avec pureté , toujours avec des moyens nobles & légitimes , par la bienfaifance & non par le vice. En entrant en place , j'ai contracté l'obligation de pourfuivre tous les défordres , & les abus du jeu ne doivent pas échapper à ma furveillance : le jugement que nous venons de rendre , détermine le moment de commencer les pourfuites ; la force eft prête à foutenir la loi ; votre amour pour les mœurs & pour l'ordre public m'eft un fûr garant du fuccès.

Confidérez , Meffieurs , que les piéges font

tendus, que les abîmes font de toutes parts
ouverts autour de nous, que notre jeuneſſe va
s'y précipiter, y conſommer ſa ruine, & que
le déſeſpoir des victimes prépare tous les malheurs & tous les forfaits. Bientôt nos freres
des provinces, une brillante & valeureuſe jeuneſſe arrivant ſans défiance au milieu de nous,
va trouver des maiſons ouvertes pour ſe perdre,
des établiſſemens dangereux qu'elle peut croire
autoriſés, & ſur-tout des plaiſirs empoiſonnés,
contre leſquels une heureuſe inexpérience ne la
met point en garde. Fermons à jamais ces
ſources funeſtes, réprimons en ſa préſence un
abus qui a déshonoré long-temps l'ancien régime, & montrons, au moment du pacte fédératif qui ne fait qu'une force nationale de
toutes les forces particulieres, que la puiſſance
publique ſe déploie avec toute ſon énergie,
& que déſormais tous les abus vont être ré-
primés, & toutes les lois inviolablement exé-
cutées. Montrons à cette jeuneſſe qui vient
connoître & juger la capitale, que la liberté
acquiſe par le courage de tous, que le nouvel
état des choſes qui va réſulter de la conſtitution nationale, ſera le regne des bonnes mœurs.
Ces ſentimens & ces principes ſont les vôtres,
meſſieurs : il n'y a que des citoyens vertueux

qui aient pu fe dévouer à la chofe publique, comme vous l'avez fait depuis un an; j'appelle donc toute votre vigilance; j'arme toute votre vertu contre les défordres du jeu ; je préviens ceux qui fe livrent à cette malheureufe paffion, que les pourfuites vont être conformes aux lois portées & renouvelées; je les exhorte, je les prie d'en éviter la rigueur, de confidérer qu'ici la févérité eft fecourable & bienfaifante : & en leur annonçant que le foin de l'exécution eft remis entre vos mains, ils fauront que la municipalité, les fections, c'eft-à-dire, tous les bons citoyens auxquels la puiffance publique eft confiée, fe réuniffent pour venir à leur fecours, fe liguent pour réprimer les défordres du jeu, & s'armeront pour les punir.

Je fuis, &c.

Signé BAILLY.

TRAVAUX DU CHAMP DE MARS.

Lettre de M. Cartheri aux auteurs de la Chronique, pour inviter les bataillons des diverfes fections à travailler au Champ-de-Mars.

Je fors du Champ-de-Mars, où j'étois allé voir les travaux qui s'y font pour la confédération du 14 juillet ; quoiqu'il y ait beaucoup d'ouvriers , je doute que l'entreprife puiffe être achevée pour cette époque , car il faudroit travailler jour & nuit ; ce qui n'eft pas poffible. Je propofe à mes camarades & freres-d'armes de l'armée parifienne de prendre chaque jour dix hommes par compagnie , lefquels iront au Champ-de-Mars bêcher la terre , charger & rouler la brouette. Ce travail n'a rien que d'honorable pour des foldats , puifqu'un général romain en a donné l'exemple. L'armée parifienne renferme 60 bataillons , compofés chacun de 7 compagnies ; ce qui donne par jour 4200 hommes qui foulageroient les ouvriers , & prouveroient aux ennemis de la révolution que la peine ne coûte rien , lorfqu'il s'agit de confolider notre liberté.

Dans le cas où nos fervices feroient acceptés , nous n'entendons pas préjudicier aux intérêts des ouvriers , qui feront toujours payés en raifon du temps qu'ils doivent être employés.

CARTHERI , foldat-citoyen du
Bataillon de la Trinité.

Refus fait par les administrateurs de police, de laisser contribuer les citoyens aux travaux du Champ-de-Mars.

Un grand nombre de citoyens de l'ancien arrondissement des Jacobins Saint-Dominique, avoient écrit au président de leur district respectif, pour le prier de convoquer une assemblée générale, dont le but étoit de se coaliser & d'offrir leurs services pour les travaux du champ-de-Mars. La lettre ayant été communiquée au département de police, MM. les administrateurs ont répondu, qu'ils ne pensoient pas que l'assemblée demandée par de si bons citoyens, pût être accordée, parce qu'elle entraîneroit trop d'inconvéniens ; que c'étoit là le cas de se méfier même de son zele. On fait quelquefois mal, ont-ils dit, en voulant faire trop bien. Il est facile de concevoir quel désordre naîtroit du concours de tous ceux qui desireroient travailler au champ-de-Mars, & ce seroit reculer les travaux que de vouloir les avancer par cet appel. MM. les administrateurs ont prié M. le président du district des Jacobins Saint-Dominique de faire des remercîmens, au nom de toute la

commune, aux patriotes qui ont eu le defir &
l'efpoir de fe mettre en œuvre.

---

7 juillet.

Il n'eft point de fpectacle plus raviffant que
celui du Champ-de-Mars, depuis la motion de
M. Cartheri, inférée dans la Chronique. Tous
les citoyens de tous les âges ont brigué l'a-
vantage de préparer de leurs mains le lieu où
ils vont jurer de défendre la conftitution, &
de vivre & mourir libres. La vivacité des mouvemens, la multitude du monde, la bigarure
des habits, tout concourt à la variété du tableau.
Ici ce font les charbonniers, là les perruquiers :
les forts de la halle, les porteurs d'eau, les
colporteurs n'ont pas voulu demeurer oififs, ils
fe font tous rendus au Champ-de-Mars. Les
invalides ont témoigné que leurs bras étoient
encore vigoureux & leur ame courageufe. On
a vu des femmes parées s'atteler à des brouettes.

8 juillet.

Il eft impoffible de donner une defcription
de ces travaux qui ne foit au-deffous de la réalité. Les étrangers qui arrivent par la route de

Verfailles, ne peuvent fe laffer de ce fpectacle : *Quels hommes que les Parifiens !* difoient
quelques-uns d'entre eux, les yeux baignés de
larmes qu'il eft impoffible de retenir à l'afpect
d'un dévouement fi général. Il faut voir cette
fourmiliere de citoyens, cette activité, cette
gaieté dans les plus durs travaux ; il faut voir
cette longue chaîne qu'ils forment pour tirer des
charrettes furchargées ; des pierres énormes
cedent à leurs efforts, ils entraîneroient des
montagnes.

Il n'eft point de corporation qui ne veuille
contribuer à élever l'autel de la patrie : une
mufique militaire les précede ; tous les individus
fe tiennent trois à trois, portant la pelle ou la
pioche fur l'épaule ; leur cri de ralliement eft
ce refrein fi connu d'une chanfon nouvelle,
qu'on appelle *le Carillon national.* Tous chantent
à la fois : ÇA IRA, ÇA IRA, ÇA IRA : oui,
ÇA IRA, répetent tous ceux qui les entendent.
Perfonne ne fe croit difpenfé du travail par fon
âge, fon fexe ou fon état : on a vu paffer les
tailleurs, les cordonniers, ayant à leur tête les
freres tailleurs & les *freres* cordonniers. L'école
vétérinaire, les habitans de villages très - éloignés font accourus, ayant à leur tête le maire
avec fon écharpe, la pelle fur l'épaule. Tous

ont des drapeaux on des enfeignes. Sur celui des charbonniers, on lit : *Le dernier foupir des ariftocrates* ; fur un autre, ce mot fi énergique, répété par tant de citoyens : ÇA IRA. On voit des peres de famille marchant à la tête de leurs enfans & de leurs domeftiques ; les Suiffes, les forts de la halle joignent plus de force à la même activité.

Que l'on ne croie pas que l'envie de participer à une fête, de fe montrer, les dirige. Quelques-uns n'arrivent qu'à la nuit, après avoir paffé toute la journée à des travaux pénibles. Les ouvriers du pont de Louis XVI y viennent avec leurs inftrumens, leurs tombereaux, leurs brouettes, après avoir fini la journée ; les paffeurs de la Grenouillere, lorfque la nuit entierement clofe ne permet pas de paffer la riviere. Chaque corporation, chaque diftrict dépofe, près de fon drapeau, tous fes habits ; auprès eft le tonneau pour fe défaltérer & reprendre des forces.

Mais ce qui étonne & furprend davantage, c'eft de voir l'ordre qui regne parmi un fi grand nombre de citoyens : pas un propos injurieux, pas une querelle, point de confufion ; les chefs d'ateliers indiquent feulement une fois quel eft l'endroit où il faut porter la terre, celui où il la faut prendre, & ils ne se mêlent plus de rien. *Les bons ouvriers ne trouvent point de mauvais outils.* Aussi n'est-il pas un instrument, si mutilé qu'il soit, qui ne serve à quelque chose : les brouettes dont la roue est cassée sont portées à bras, & deviennent des *civieres*; d'autres transportent la terre dans la pelle même qui sert à charger. Nous avons vu des hommes choisir les grosses mottes pour les transporter dans leurs mains. Nous avons vu une femme, déja avancée en âge, & qui paroissoit peu habituée à la fatigue, faire plus de vingt voyages avec de la terre dans son tablier.

Beaucoup de députés pour la confédération ont été travailler ; les soldats nationaux de la Bretagne y ont été, ayant à leur tête MM. Chapelier, Fermont, Lanjuinais, députés à l'Assemblée nationale, & le pere Gerard qui, comme un Romain, passe de la charrue au sénat, & du sénat à la charrue.

Des camions étoient traînés par des prêtres en soutanes, d'autres par des moines. On a vu à une charrette MM. Sieyes & Beauharnois; on a remarqué qu'ils tiroient plus à gauche qu'à droite, apparemment par habitude. J. F. Maury tireroit à droite.

II

9 juillet.

Il est impossible de ne pas revenir sur les scenes multipliées qu'offre le tableau mouvant du champ-de-Mars. Les charbonniers ne cessent de s'y faire distinguer : derriere leurs drapeaux ils menent actuellement un d'entre eux, en manteau court, en rabat, & enchaîné; c'est l'aristocratie représentée par J. F. Maury. Les colleges & les pensions ont pris part à ces travaux. Un jeune enfant de la pension de M. Dubusc de Vincennes, à qui on demandoit si ce travail lui plaisoit, répondit : *Je ne puis encore offrir que ma sueur à la patrie ; je la répands de bien bon cœur.*

Les bouchers avoient sur leur flamme un large couteau, & l'on lisoit dessous : *Tremblez, aristocrates, voici les garçons bouchers.* D'énormes monceaux disparoissoient sous leurs bras vigoureux. Les ouvriers de la Bastille ont amené, dans les charrettes, tous les instrumens qui ont servi à la démolition de cette forteresse. Les employés des postes, ayant à leur tête M. d'Ogny ; les domestiques de l'enceinte des italiens ; les acteurs de Mademoiselle Montansier,

E

conduits par leur directrice , font venus contribuer à cette œuvre patriotique.

Les imprimeurs avoient écrit fur leur drapeau : *Imprimerie , premier flambeau de la liberté* ;
ceux de M. Prudhomme avoient des bonnets
du même papier que celui qui couvre *les révolutions* ; leur légende étoit : *Révolutions de
Paris*. Sur plufieurs drapeaux , on lifoit : *Pour
la patrie rien ne nous coûte*. Sur d'autres : *Vivre
libre , ou mourir*. Sur d'autres : *Les efclaves du defpotifme font devenus les enfans de la liberté*. Une
bande étoit précédée d'un globe aux couleurs
nationales ; fur toutes les faces on lifoit : *ça ira*.
Enfin quelques-uns portoient au bout d'une per-
che un bonnet , fymbole de la liberté. Les jeunes
éleves de l'académie de peinture , les cuifi-
niers , les cent-fuiffes , l'écurie du roi , difpu-
toient de zèle & d'activité.

Les vétérans , plufieurs communautés de
moines fe font auffi rendus au Champ-de-
Mars. Un jeune eccléfiaftique bien frifé fe con-
tentoit de regarder : *A la brouette* , crie-t-on
autour de lui. Il en prend une avec dégoût
& nonchalamment. Un vigoureux patriote qui,
pour faire plus d'ouvrage , avoit fur le dos une
hotte pleine de terre , & rouloit une brouette ,
paffe auprès de lui : *Laiffez-là* , lui di-t-il ,

cet instrument que vous profanez. Il quitte sa brouette, s'empare de celle de l'ecclésiastique, & va vider la terre hors du champ-de-Mars, pour qu'elle ne souille point celle voiturée par les patriotes. Il revient ensuite reprendre son fardeau. Nous avons vu tout une famille travaillant au même endroit; le pere piochoit, la mere chargeoit la brouette, & le fils la rouloit.

Nous ne pouvons pas rapporter les chansons que chacun répétoit au retour; il suffit de dire que les aristocrates n'y sont pas épargnés; mais en passant devant les Tuileries, les cris de *vive le roi* se faisoient entendre, & ceux qui passoient près de la maison de M. Mottier (la Fayette) ne cessoient de crier : *Vive notre général !*

M. Mottier a paru au champ-de-Mars ; tout le monde s'est porté autour de lui : son cheval étoit porté, & chacun venoit prendre la main du général. Ce doit être un des plus beaux momens de la vie de ce héros de la liberté.

On estimoit qu'il y avoit hier, dans le Champ-de-Mars, 250 mille hommes, pas une seule sentinelle ; & cependant il est impossible de dire qu'il y ait eu le moindre désordre, que l'on ait vu un seul homme ivre. Ce qu'il y avoit d'admirable étoit la confiance des patriotes les uns dans les autres. Un jeune homme arrive, ôte son habit, jette deſſus ſes deux montres, prend une pioche & va travailler au loin. Mais vos deux montres?—Oh ! l'on ne ſe défie pas de ſes freres ; & ce dépôt fut inviolablement reſpeété.

Nous avons remarqué un honnête citoyen ſuivi d'une brouette chargée d'un tonneau de vin ; il tenoit un verre, & offroit à boire gratuitement aux travailleurs. *Ne buvez pas ſi vous n'avez pas ſoif*, diſoit - il, pour épuiſer moins vîte le tonneau, & on ne voyoit en effet ſe préſenter à cette buvette que des hommes épuiſés de fatigue, & dont l'altération n'étoit point équivoque. Les chartreux, conduits par dom Gerle, ont quitté eux-mêmes leurs cellules pour venir participer à ces travaux civiques. Le roi eſt venu jouir de ce ſpeétacle nouveau ; ſoudain la pelle & la pioche ſur l'épaule, les citoyens ont formé autour de lui une garde d'honneur ; il a viſité tous les ateliers.

Grace à l'aétivité des citoyens, tous les travaux ont été achevés le 11 juillet.

---

*Proclamation relative à la cessation des travaux
du Champ-de-Mars.*

Du jeudi 8 juillet 1790.

Les citoyens dont le zele s'est manifesté pour accélérer les travaux du Champ-de-Mars, ont rendu des services essentiels, & le courage avec lequel ils ont à l'envi partagé la tâche la plus pénible des ouvriers, mérite les plus grands éloges.

Mais actuellement qu'il s'agit de porter les ouvrages à leur perfection, le concours d'un grand nombre de personnes deviendroit nuisible, & empêcheroit de rectifier les inégalités qui restent à aplanir dans les terrains, & de finir toutes les parties qui ne font que de décoration, ce qui ne peut s'exécuter que par un petit nombre d'ouvriers diligemment surveillés, & occupés fans obstacles & fans embarras.

En conféquence tous les citoyens font instamment priés & invités de vouloir bien s'abstenir d'entrer dans le Champ-de-Mars jufqu'au moment où ils pourront tous s'y réunir, pour y célébrer la fête nationale, à l'époque à jamais mémorable du 14 juillet.

Fait au comité de confédération, le 8 juillet

E 3

1790. Signés *Bailly*, maire; *Charon*, président de la commune pour le pacte fédératif; *Lafisse*, secrétaire; *J. L. Brousse*, *Desmousseaux*, *Pons de Verdun*, *A. C. F. Champion*, *Debourges*, *Cellerier*, *Lemit*, *Mathis*, *Avril*.

Avis aux députés à la fédération des troupes de ligne de la maison militaire du roi, du corps royal de la marine & des maréchaussées, sur l'admission dans les tribunes.

L'assemblée nationale desirant faire participer les députés de l'armée aux billets de tribune, autant que le local peut le permettre, a décrété, dans la séance du samedi soir 10, qu'il seroit distribué à chaque séance soixante billets de tribune aux troupes de ligne, par ordre de régiment, & aux députés du corps-royal de la Marine, par département, ainsi qu'aux maréchaussées & autres corps, le tout sous la surveillance d'un membre de l'assemblée, lequel a constaté, après vérification faite des députés des différens corps, que ce total se monte à 1029 pour tous les corps de l'armée de terre, & 221 pour les différens corps de l'armée navale, en tout 1250.

SAVOIR:

Armée de terre.

Infanterie & artillerie	654	**DÉPUTÉS.**
Chasseurs légers	48	
Troupes provinciales, gardes-suisses		
& génie	39	
Cavalerie	100	
Hussards	24	1029
Dragons.	72	
Chasseurs à cheval	48	
Maréchaussée	20	
Maison du roi à cheval	24	

Armée navale.

Département de Brest	54	
Département de Toulon	33	
Département de Rochefort . . .	31	
Département de l'Orient	8	
Officiers généraux	5	221
Officiers d'administration	16	
État-major des troupes des colonies	32	
Capitaines marchands	42	

TOTAL GÉNÉRAL DE TERRE ET DE MER. 1250

En conséquence on fera la distribution des 60 billets, depuis l'heure de midi jusqu'à celle de deux heures, dans le bureau du scrutin, qui est le premier à droite dans le corridor de la salle de l'assemblée nationale, en entrant par la porte du manège.

On distribuera chaque jour aux députés des

E 4

troupes & corps à pied , à raiſon de 35 billets.

A ceux des troupes à cheval 15 billets.

Et à ceux des forces navales, 10 billets.

L'intention de l'Aſſemblée a été que les billets fuſſent diſtribués le plus tôt poſſible, par ordre de régiment. Ainſi on prévient tous Meſſieurs les députés, que la premiere diſtribution ſe fera le 12 juillet , à l'heure & au lieu preſcrits. Ce ſont les députés des différens corps qui, par priorité de numéro , doivent ſe préſenter les premiers. Dans le cas où ils ne ſe préſenteroient point , on les prévient que chaque jour , paſſé une heure , la diſtribution ſera faite à ceux qui ſeront préſens. Mais dans aucun cas, il ne ſera diſtribué des billets à la même perſonne , juſqu'à ce que tous les députés de tous les corps dénommés ci-deſſus en aient reçu. A. DILLON , *député à l'Aſſemblée nationale, chargé de ſurveiller la diſtribution des billets de tribune de l'armée.*

Nota. Le grade ne donnera aucun droit de préférence pour le nombre ou pour le tour des billets.

Proclamation de la Municipalité, du 5 juillet, à l'effet de dissiper les inquiétudes que l'on inspiroit au peuple sur la fête du 14.

La municipalité, instruite que l'impatience avec laquelle les bons citoyens attendent la solennité du 14 juillet, est accompagnée d'un sentiment d'inquiétude ; que ce sentiment se manifeste, & dans les conversations particulieres, & dans les discussions publiques ; qu'il paroît même justifié, par les précautions extraordinaires qu'ont indiquées au département de la police différens arrêtés d'un grand nombre de sections de la capitale, que l'effet de ces bruits sourds, répandus assez artificieusement pour avoir déja formé une opinion presque générale, seroit de faire abandonner Paris par une partie de ses habitans, au moment même où tous les citoyens doivent se réunir pour accueillir & fêter leur freres-d'armes, & former le plus imposant cortege aux représentans de la nation armée pour défendre sa constitution, au roi des Français, au chef constitutionnel de la nation;

Considérant que ces inquiétudes & ces alarmes ont évidemment pour cause une manœuvre des ennemis du bien public , quels qu'ils puissent être ; que les mauvais citoyens , défespérant d'arrêter la révolution dans sa marche ou de lui faire prendre une autre direction , & d'empêcher l'ouvrage de la constitution de s'achever sur les bases posées par l'assemblée nationale , veulent au moins se procurer le coupable plaisir d'attrister la fête de la liberté , de répandre des nuages sur ce beau jour qui doit fixer l'époque de notre régénération politique & en éternifer le souvenir & la durée ; que c'est dans cette vue qu'ils ont semé des rumeurs inquiétantes , pour substituer aux témoignages éclatans de l'alégresse publique , le silence de la consternation , les défiances à l'abandon de l'hospitalité , & faire trembler, s'il étoit possible , la main des hommes libres au moment où ils prononceront le serment solennel sur l'autel de la patrie :

La municipalité invite tous les citoyens à repousser ces vaines terreurs , & à attendre avec sécurité la fête du 14 juillet.

Ils doivent se repofer avec confiance sur les soins qu'ont pris & que doivent prendre , & les députés nommés par les différentes sections pour l'objet particulier de cette fête , & le corps municipal , & le département spécialement chargé de la police , & des chefs que l'affemblée nationale vient d'armer de toute la force de la loi pour affurer l'ordre & la tranquillité.

Ils peuvent compter fur la vigilance & le zèle des comités de toutes les fections de la capitale. Ils ont affez appris à ne pas douter de l'activité & du courage de leur garde citoyenne. Eh ! que pourroient-ils craindre , lorfque l'armée parifienne , lorfque cette armée , compofée de l'élite des foldats-citoyens & des citoyens-foldats de toute la France , entoureront l'autel de la patrie , leurs légiflateurs & leur roi !

Que ceux qui affectent la frayeur fortent donc, puifqu'ils le veulent. Qu'ils fuient la fête de la liberté , fous prétexte de dangers chimériques : mais que les amis de la révolution reftent; qu'ils fongent qu'on ne voit pas deux fois un pareil jour.

Fait en l'hôtel de la mairie, ce 5 juillet 1790.

Signés *Bailly*, maire ; *M. L. F. Duport*, lieutenant de maire; *P. Manuel*, *Thorillon*, *le Scène*, *Fallet*, confeillers-adminiftrateurs.

Réglement de police pour le jour de la fédération.

Du jeudi 8 juillet 1790.

Dans ces jours de paix, de confiance & d'hofpitalité, au milieu de ce concours de frères-
d'armes qui fe réuniffent autour de l'autel de
la patrie, pour renouveler leurs engagemens
de fraternité mutuelle, & de fidélité à la *loi*
& au *roi*; ce n'eft pas affez pour la follicitude
du département de police que la fûreté de la
capitale foit garantie par la France entiere;
il faut encore que la plus majeftueufe & la plus
mémorable des folennités foit exempte même
de ces accidens particuliers qui fouvent, dans
un grand concours de peuple & dans l'excès
de la joie, laiffe des fouvenirs douloureux:

En conféquence le département de police,
ouï, ce réquérant le procureur-fyndic de la
commune, a arrêté ce qui fuit:

1°. Perfonne ne pourra, fous peine de la
confifcation & de l'amende portée par les ré-
glemens, fe préfenter le 14 juillet, à la fête
fédérative, ou même dans les rues, avec des
cannes ou bâtons, & notamment avec des cannes

à épées ou dagues, ou avec toute autre arme cachée. La sécurité la plus entiere est un hommage dû par tous les bons citoyens, à la réunion de tous les pouvoirs & de toutes les forces publiques.

2°. Les hôteliers, maîtres-d'hôtels garnis & logeurs tiendront dans l'ordre le plus exact leur regiftre des perfonnes logées chez eux, à peine des amendes portées par les règlemens; ils feront tenus de porter ces regiftres journellement à leurs diftriéts refpeétifs, pour les faire vifer par MM. les commiffaires de fervice, qui font invités à envoyer tous les jours au département de la police, une feuille indicative du nombre, des noms & qualités des perfonnes qui logent dans ces maifons.

3°. Nul ne pourra fe préfenter dans les rues de Paris, le 14 juillet, revêtu d'une livrée, conformément au décret de l'Affemblée nationale, du 19 juin, à peine d'être puni comme réfraétaire aux décrets, à l'exception toutefois des domeftiques des ambaffadeurs & de ceux des étrangers, qui feront tenus de porter fur eux une carte fignée de leurs maîtres; & ne feront réputés livrées que les habits chargés de galons de différentes couleurs.

4°. Aucuns carroffes, voitures ou charrettes

ne pourront rouler dans l'intérieur de la ville
& dans les environs du champ-de-Mars , même
pour les *déménagemens* , pendant la journée du
14 juillet ; il eſt défendu à toute perſonne ,
autre que les cavaliers de la garde-nationale ,
de paroître à cheval dans les endroits ſus-dé-
ſignés ; & en cas de contravention , les voitures
& chevaux ſeront mis en fourrière , & y reſ-
teront juſqu'au payement de l'amende de *cent
livres.*

5°. Sont néanmoins exceptés de cette diſpoſition les voitures & tombereaux deſtinés à conduire à l'iſle des Cygnes les abattis de viande
qui s'y préparent , à la charge par les con-
ducteurs deſdites voitures, d'effectuer leur retour
au plus tard à deux heures du matin.

6°. Il eſt défendu d'obſtruer ou gêner les voies
publiques, & notamment les environs du champ-
de - Mars , par des pierres , échaffaudages ,
voitures , échoppes ou étalages quelconques ,
à peine de ſaiſie du tout , avec amende de *cent
livres.*

7°. Défenſes ſont pareillement faites à tous
particuliers de tirer aucunes fuſées , boîtes ,
petards , piſtolets & autres armes à feu dans les
rues , ni par les fenêtres , à peine de *cent livres
d'amende* , dont les peres & meres ſeront reſ-

ponfables pour leurs enfans, les maîtres pour leurs domeftiques, & les marchands & artifans pour leurs garçons & apprentis.

8°. Il eft pareillement défendu très-expreffément à toutes perfonnes de s'introduire dans les maifons, ou d'arrêter les paffans, fous prétexte d'offrir des bouquets, à peine d'être arrêtées & traitées conformément aux difpofitions du décret de l'Affemblée nationale concernant les mendians.

9°. Tous les habitans de la ville & faubourgs feront tenus, le 14 juillet, de fermer leurs boutiques & d'illuminer le foir les fenêtres de leurs maifons.

10°. Les voitures employées au fervice de l'enlèvement des boues ne pouvant pas rouler le 14 juillet, l'enlèvement s'en fera dans la foirée du 13 au 14, excepté dans les rues qui doivent fervir de paffage aux troupes fédérales, & où le fervice de l'enlèvement pourra fe faire au retour par les mêmes tombereaux qui auront apporté le fable dont les rues doivent être couvertes. En conféquence, les habitans font invités à faire balayer le devant de leurs maifons, le 13, entre fept & huit heures du foir.

11°. Les citoyens font avertis qu'il y aura, pendant la journée du 14, un comité toujours

tenant dans chaque diftrict, pour veiller au maintien de l'ordre & de la tranquillité de la capitale,
répondre à toutes les demandes, plaintes ou
réclamations, & informer fur-le-champ le département de la police de tout ce qui pourroit plus
particulierement intéreffer la fûreté publique.

Le département invite M. le commandant
général & MM. les commiffaires de diftricts, à
tenir la main à l'exécution la plus fcrupuleufe
de la préfente ordonnance.

Hôtel de la Mairie, le 8 juillet 1790.

Signé, *Bailly*, maire; *M. L. F. Duport*,
lieutenant-de-maire; *P. Manuel*, *le Scène*, *Tho-*
rillon, *Fallet* & *Peuchet*, confeillers-adminiftrateurs. *Mitouflet*, procureur-fyndic-adjoint de la
commune.

Confédération entre les Bretons & les Vainqueurs
de la Baftille, fur la route de Rambouillet.

Les Vainqueurs de la Baftille, pénétrés de
l'enthoufiafme le plus noble envers les Bretons, comme ayant porté les premiers coups
au defpotifme, ont faifi avec avidité le moment où ces braves patriotes paroîtroient à
leurs regards, pour leur exprimer les fentimens
d'amitié, de fraternité & de reconnoiffance.

Inftruits

Inftruits qu'ils devoient arriver à Paris le vendredi 10 de ce mois, *les vainqueurs de la Baftille* fe font empreffés de fe rendre le jeudi foir à Verfailles, où ils ont couché : le lende-main, fur la route de St.-Cyr, ils ont, vers midi, rencontré les Rénois avec armes & bagages, au nombre de 400 environ.

M. Parrein, à la tête *des vainqueurs de la Baftille*, a prononcé le difcours fuivant :

FRERES ET CAMARADES,

» Vous voyez devant vous une députation des vainqueurs de la Baftille, *légalement re-connus* ; il y a long-temps que nos cœurs brû-lent du defir de vous voir, pour mêler nos em-braffemens aux vôtres, & vous féliciter fur votre patriotifme : oui votre patriotifme ; car, nous ne l'oublierons jamais, *fi les vainqueurs de la Baftille* ont conquis la liberté, nous devons dire que vous en avez été les premiers défenfeurs. Jouiffez maintenant du fruit de vos nobles tra-vaux. Le jour de la fédération approche ; croyez que votre préfence à cette fête folen-nelle attirera tous les regards fur vos têtes. Nous efpérions partager avec vous le fublime honneur de vous y accompagner, mais l'envie acharnée à nous pourfuivre, nous a mis dans la néceffité, pour avoir la paix , de faire le facrifice de toutes les diftinctions qui nous avoient été accordées par le décret du 19 juin, en récompenfe de notre victoire.

Ce difcours a produit dans le cœur de tous les Bretons les démonftrations d'une joie univerfelle ; & dans le même inftant tous ces généreux citoyens ont fauté au cou *des vainqueurs de la Baftille*, en les preffant vivement dans leurs bras, & en verfant des larmes.

Après cette fcène attendriffante, les *fédérés* ont engagé *les vainqueurs de la Baftille* à marcher à leur tête ; mais ceux-ci les ont priés de vouloir bien leur permettre de fe confondre avec eux, & ils ont marché ainfi au fon des tambours jufqu'à Verfailles, où *les vainqueurs de la Baftille* les ont quittés pour retourner fur leurs pas, & aller au-devant d'un détachement des *Nantois*. A fon approche, M. *Parrein* a répété le difcours que nous venons de rapporter. A peine eut-il fini, que des cris de *Vive les vainqueurs de la Baftille* fe font fait entendre. Des embraffemens réitérés, des applaudiffemens continuels, étoient le vœu unanime des *Nantois*. M. *Pradel*, leur commandant, jura & fit jurer à fes compagnons d'armes, fur la pointe de leurs épées, de protéger jufqu'à la mort *les vainqueurs de la Baſtille.* Ces derniers jurerent à leur tour de ne jamais abandonner les *Bretons.* Une foule innombrable de citoyens étoit préſente à cette réception. M. Pradel, du conſentement de ſa compagnie, demanda aux *Vainqueurs de la Baſtille* l'impreſſion du diſcours. Ceux-ci la lui ayant promiſe, ils prierent MM. les *fédérés* de les diſpenſer de les accompagner juſqu'à Paris, pour ôter à leurs ennemis un motif de haîne que leur préſence eût certainement fait naître.

Réception que le roi à faite aux Bretons.

Samedi ſoir, les députations de Bretagne arriverent en corps d'armée : parvenues à la barriere de la conférence, un détachement de la garde pariſienne alla au-devant d'elles ; de là elles ſe rendirent aux Tuileries, & y entrerent tambour battant. Elles défilerent le long de la terraſſe, & s'y mirent en bataille. Le ſon des tambours & les cris de *vive le roi* porterent le prince à ſe mettre aux fenêtres. A l'air de contentement & aux ſignes de ſatisfaction qu'il fit voir, les cris ſe renouvelerent, & on porta au haut des épées & des bayonnettes les chapeaux & les bonnets : le

roi fit figne au commandant de la troupe de
venir : celui-ci monta avec empreffement ; &
en entrant dans les appartemens du roi , lui
préfenta fon épée , en lui difant : *Sire , j'ai
l'honneur de remettre à votre majefté , au nom
des braves Bretons , une épée qui ne fe teindra
jamais que du fang impur de vos ennemis.* A ces
mots , le roi , plein d'une douce émotion,
dit , en lui préfentant la main : *Je fuis bien
fatisfait ; je fuis bien fatisfait : je n'ai jamais
douté de la fidélité & de la tendreffe de MM. les
Bretons ;* & fe reprenant auffitôt , *De mes chers
Bretons.* Le commandant lui répliqua : *Sire ,
vous pouvez compter fur eux dans tous les temps ;
ils vous aiment , ils vous chériffent , parce que
vous êtes un roi-citoyen.* A ces mots , des larmes de tendreffe coulerent des yeux du prince.
Le commandant ajouta : *Leur fang coulera toujours avec empreffement pour vous , & vos
ennemis font les leurs. Tant mieux , tant mieux,*
s'écria le roi ; puis il dit : *Je fuis fi ému que je
ne puis plus parler.* Le commandant ajouta :
*Sire , nous fommes enchantés d'avoir eu le bonheur
de vous voir ; mais nous défirerions auffi avoir
l'honneur de voir la reine.* Le prince répondit :
Ce feroit avec plaifir ; elle feroit ici fi elle n'a-

voit pas pris médecine. Alors le roi se sépara avec la plus grande honnêteté. (*Extrait de la Chronique*).

Procès-verbal qui constate la solidité des travaux & l'état des souterrains , visités par M. le maire & MM. les officiers municipaux.

Du dimanche 11 juillet 1790.

Nous Maire et Officiers Municipaux de la ville de Paris, soussignés,

.Sur ce qui nous a été représenté, qu'il s'étoit répandu dans la capitale des bruits & des propos alarmans, relativement à la so-lidité des travaux qui se font au champ-de-Mars, pour célébrer la fête fédérative, & sur-tout au sujet des souterrains pratiqués pour le service de l'Ecole - militaire , tant sous l'hôtel, que dans toute la longueur du champ-de-Mars ;

Que ces propos, hasardés par les ennemis du bien public, paroissoient avoir acquis une con-sistance telle que la confiance & la tranquil-lité publiques pouvoient en être troublées ;

Considérant que dans un jour de paix, des-tiné par la nation à célébrer le pacte univer-sel qui doit consolider à jamais l'union qui

règne entre tous les Français , il eſt indiſpen-
ſable d'écarter non - ſeulement tout ce qui
peut porter à la calomnie , mais encore de faire
ceſſer juſqu'au plus léger prétexte de crainte ,
ou même du doute le moins raiſonnable.

Nous, aſſiſtés du ſieur Broignard, architecte
de l'école - militaire , & du ſieur Marquet,
inſpecteur de la ville , nous ſommes rendus
à l'école-royale militaire , où étant réunis dans
la ſalle du conſeil ,

Nous nous ſommes tranſportés dans le champ-
de-Mars , & ſpécialement ſur les terraſſes pra-
tiquées dans le pourtour , ainſi que ſur l'autel
élevé au milieu de l'enceinte , & ſur les échaffauds conſtruits en face de l'école-militaire ;

Nous avons reconnu que ces ouvrages , élevés en partie par le zèle des citoyens , qui
dans cette circonſtance mémorable , ont donné
des preuves ſi marquées de leur patriotiſme
& de leur empreſſement , étoient parfaitement
ordonnés , & qu'ils joignoient à leur ſolidité
l'agrément du coup-d'œil , & l'avantage inappré-
ciable de pouvoir réunir , dans une même enceinte , un très-grand nombre de ſpectateurs.

Après avoir viſité les travaux , nous ſommes rentrés dans l'hôtel :

Nous en avons d'abord parcouru toutes les

caves, & nous nous fommes convaincus qu'elles étoient dans leur état ordinaire, dégagées de tout dépôt, telles que font & que doivent être les caves d'un hôtel qui n'eft pas habité depuis long-temps.

Enfuite, nous fommes paffés, en traverfant les corridors, dans l'une des cours à gauche de l'hôtel, au-deffus d'un regard qui avoit été ouvert pour nous recevoir.

Nous y fommes defcendus au nombre de cinq, MM. *de Joly*, *Quin*, *Lejeune*, *Offelin* & *Bonvallet*, avec l'architecte, l'infpecteur, les garçons chargés de l'entretien des aqueducs, & plufieurs particuliers qui ont défiré affifter à la vifite.

Ainfi conduits & accompagnés, nous nous fommes tranfportés à droite en defcendant du regard, d'abord dans le premier aqueduc, appelé *du gouverneur*, compofé de cinq embranchemens, dont deux de matière fécale, qui tous aboutiffent à la décharge du grand réfervoir.

Après cette infpection, nous fommes revenus fur nos pas, & nous avons trouvé, vers le milieu du grand acqueduc, au deffous du regard par où nous étions entrés, un fecond aqueduc, compofé de dix embranchemens, cinq de matière fécale, qui tous aboutiſſent du côté des cuiſines, & que nous avons également parcourus.

Les uns & les autres, bâtis en pierre de taille & pavés en dale, réuniſſent à l'avantage d'une ſolidité que rien ne peut altérer, celui d'une propreté qui n'eſt pas ordinaire, même dans les lieux qui ſont toujours habités.

Nous n'y avons trouvé ni *ſouterrains*, ni *CREVASSE*, ni *DÉPOT*. Tout y étoit dans le meilleur ordre. Le ſable même, qui dans les aqueducs laiſſe preſque toujours des amas conſidérables, n'y étoit amoncelé nulle part.

Au retour du ſecond embranchement, à ſa réunion dans le grand aqueduc, nous avons trouvé deux pieds d'eau dans une longueur d'environ trente toiſes, retenue par une vanne que nous avons fait ouvrir en notre préſence.

Les eaux étant écoulées, nous avons continué notre marche juſque ſur le bord de la rivière ; nous ſommes enſuite revenus ſur nos pas, juſqu'à un regard au-deſſous de l'autel de la patrie, où les commiſſaires, qui étoient deſcendus dans l'aqueduc, étoient attendus par ceux d'entre nous qui avoient continué la viſite extérieure, & par où ils ſont ſortis, en préſence d'un concours nombreux de citoyens, qui ont tous applaudi à la précaution que nous avions prise.

Les motifs qui nous avoient inspiré cette démarche, *nous ont également déterminés à arrêter une seconde visite qui* SERA FAITE MARDI 13, A SIX HEURES DU SOIR, & en attendant, à ordonner que le présent procès-verbal seroit rédigé, imprimé, affiché & envoyé aux sections.

Signé, BAILLY, Maire.

Brousse, Célérier, Champion, Cholet, Bonvallet, Davous, de Langlard, de Joly, Desmousseaux, Duport, Filluel, Lablée, Lejeune, Minier, Osselin, Quin, Sabatier, Thorillon, Cahier, procureur-syndic-adjoint.

POUR EXTRAIT CONFORME.

DE JOLY,

Membre & sécrétaire du conseil de ville.

Proclamation du roi, sur un décret de l'Assemblée nationale du 9 juillet 1790, relatif à la fédération du 14, au rang qu'y occupera l'Assemblée nationale, & à la formule du serment du roi; donnée à Paris le 11 juillet 1790; transcrite sur les regiſtres de la municipalité le 13 du même mois.

VU PAR LE ROI le décret dont la teneur ſuit.

Décret de l'Aſſemblée nationale du 9 juillet 1790.

L'aſſembléè nationale, après avoir entendu ſon comité de conſtitution, a décrété & décrète ce qui ſuit :

ARTICLE PREMIER.

Le roi ſera prié de prendre le commandement des gardes-nationales & des troupes envoyées à la fédération générale du 14 juillet, & de nommer les officiers qui exerceront le commandement, en ſon nom & ſous ſes ordres.

I I.

A la fédération du 14 juillet, le préſident de l'aſſemblée nationale ſera placé à la droite du roi , & fans intermédiaire entre le roi & lui.

Les députés feront placés immédiatement tant à la gauche du roi , qu'à la droite du préfident.

I I I.

Après le ferment, qui fera prêté par les gardes-nationales & autres troupes du royaume, le préfident de l'affemblée-nationale répétera le ferment prêté le 4 février dernier ; après quoi les membres de l'Affemblée , debout & la main levée, prononceront ces mots : *Je le jure.*

I V.

Le ferment que le roi prononcera enfuite, fera conçu en ces termes : » Moi, roi des Fran- » çais, je jure à la nation d'employer tout le » pouvoir qui m'eft délégué par la loi conf- » titutionelle de l'état, à maintenir la confti- » tution décrétée par l'affemblée-nationale , & » acceptée par moi, & de faire exécuter » les lois ».

Le roi a accepté & accepte ledit décret, pour être exécuté fuivant fa forme & teneur.

Fait à Paris, le 11 juillet 1790.

Signé LOUIS ; & plus bas, par le roi,

G U I G N A R D.

Lue & tranfcrite à la réquifition du procureur

syndic de la commune, sur les regiſtres de la municipalité, pour être exécutée suivant ſa forme & teneur, imprimée, affichée & envoyée aux sections.

Fait au conseil de ville, le 13 juillet 1790.

POUR EXTRAIT CONFORME.

DE JOLY,

Membre & Sécrétaire du conseil de ville.

———

Sur l'anneau d'Henri IV, préſenté au roi par les Tourangeaux.

Le lundi 12 juillet, les députés du diſtriɛt de Tours à la confédération nationale, accompagnés de MM. les députés de Touraine à l'Aſſemblée-nationale, ont eu l'honneur d'obtenir une audience du roi, à midi ; & M. Bruley colonel-commandant de Tours, parlant au nom de la députation, a dit :

» Sire, nous avons déja eu l'honneur de faire agréer à votre majeſté les hommages de toutes les gardes-nationales confédérées à Tours ».

» Nous venons aujourd'hui, au nom de celle du diſtriɛt de la même ville, & à l'occaſion de la fête nationale du 14 juillet, vous offrir l'anneau que portoit Henri IV ».

. » Cet anneau fut donné par votre immortel aïeul aux bénédictins de Marmoutiers, près Tours, en mémoire des services signalés des fideles Tourangeaux ».

Vous avez, Sire, le cœur généreux de Henri IV ; votre bonté vous rend comme lui l'idole des Français, & depuis long-temps vos vertus vous ont mis à côté de ce bon roi, que vous avez choisi pour modele.

« Pouvons-nous croire que vous n'accepterez pas avec sensibilité l'offrande qui vient d'une main aussi révérée » ?

» Ah ! si nous possédions quelque chose de plus précieux que ce gage de l'amitié de Henri-le-Grand, nous nous empresserions de le présenter à V. M. & ce ne seroit jamais qu'un bien foible témoignage de notre amour pour elle ».

» Il nous reste un vœu à exprimer ; il est très-ardent, & nous espérons de votre bonté, Sire, que vous ne nous refuserez pas ».

» Le desir de tous nos concitoyens est, Sire, que le jour de la réunion de tous les Français autour de la constitution & de votre personne sacrée, vous daigniez porter l'anneau du bon roi Henri IV. Ce dernier trait de ressemblance, avec un monarque dont le souvenir est si cher à nos cœurs, mettra le comble à l'alégreſſe générale, & aux ſentimens d'amour & de vénération que vous ont voués tous les Français ».

Le roi a répondu : » Je ſuis très-ſenſible, Meſſieurs, aux ſentimens que vous me témoignez ; je porterai, avec grand plaiſir, cet anneau le jour de la confédération ».

Nota. Le roi, en rentrant dans ſon appartement, à mis l'anneau à ſon doigt, & il a dit à ceux qui l'approchoient : » Je n'ai jamais porté de bague, mais je porterai volontiers celle-ci ». Le roi a paru très-ſatisfait de l'objet de cette députation.

Aſſemblée à Saint - Roch pour la rédaction de l'adreſſe des députés à l'Aſſemblée nationale.

Du lundi 12 juillet 1788.

Meſſieurs les députés des gardes-nationales de tous les diſtriƈts du royaume ſont prévenus qu'en vertu de la réunion faite à la maiſon commune, d'un député par chacun des diſtriƈts, arrivés ſamedi, dimanche & lundi, afin de ſe concerter enſemble ſur les moyens d'exécuter les ordres relatifs à la fédération du 14 juillet,

& de préfenter nos hommages à l'Affemblée nationale & au roi , il a été convenu d'abord de connoître le jour que l'Affemblée nationale & le roi fixeroient pour nous recevoir , & ce jour devant naturellement précéder le 14 , a été fixé à *mardi* 13. Quelques perfonnes ont en-fuite été chargées de rédiger des projets d'*adreffes,* dont les bafes ont été provifoirement adoptées par la réunion prefque totale d'un député par diftrict , qui a eu lieu ce matin , à la maifon commune. MM. les députés de tous les diftricts font invités , par cette affemblée , à fe réunir demain , dans le plus grand nombre poffible , mais au moins trois ou quatre par diftrict , dans l'*églife S.-Roch, à 8 heures précifes du matin ,* pour examiner les projets d'*adreffes* qui ont été ou pourroient être propofées , & après le choix qu'on en feroit , nommer les députations qui doivent les préfenter.

Par ordre de l'Affemblée ; figné LA FAYETTE.

Adresse à l'Assemblée nationale , prononcée par M. la Fayette (1) , au nom & à la tête des députés de toutes les gardes nationales de France.

MESSIEURS,

Les gardes nationales de France viennent vous offrir l'hommage de leur respect & de leur reconnoissance. La nation voulant enfin être libre , vous a chargé de lui donner une constitution. Mais en vain elle l'auroit attendue , si la volonté éclairée dont vous êtes les organes , n'avoit suscité cette force obéissante qui repose en nos mains , & si l'heureux concert de l'une & de l'autre , remplaçant tout-à-coup cet ordre ancien que les premiers mouvemens de la liberté faisoient disparoître , n'avoit été la

---

(*) M. la Fayette, élu président par les députés des différentes gardes nationales rassemblées, un par district, à la maison commune, les 9, 10, 11 & 12 juillet, a été réélu unanimement & chargé de présenter cette adresse & celle au roi, par une nouvelle assemblée, composée de quatre députés par district, chargés de pouvoirs spéciaux, auxquels s'étoient réunis un grand nombre d'autres soldats-citoyens de tous les départemens.

premiere

premiere des lois, qui fuccédoient à celles qui n'étoient plus.

C'étoit, nous l'ofons dire, un prix dû à notre zèle, que cette fête qui va raffembler tant de freres épars, mais qui, régis à-la-fois par fon influence & par le befoin impérieux, fi cher aux bons Français, de conferver l'unité de l'état, n'ont ceffé de diriger vers un point commun leurs communs efforts. C'étoit auffi, fans doute, un prix dû à vos travaux, que cet accord unanime avec lequel ils portent aujourd'hui à l'Affemblée conftituante de France leur adhéfion à des principes que demain ils vont jurer de maintenir & de défendre.

Oui, Meffieurs, vous avez connu, & les befoins de la France, & le vœu des Français, lorfque vous avez détruit le gothique édifice de notre gouvernement & de nos lois, & n'avez refpecté que le principe monarchique ; lorfque l'Europe attentive a appris qu'un bon roi pouvoit être l'appui d'un peuple libre, comme il avoit été la confolation d'un peuple opprimé.

Achevez votre ouvrage, Meffieurs ; & déterminant dans le nombre de vos déc.ets ceux qui doivent former effentiellement la

G.

conftitution françaife , hâtez vous d'offrir à notre jufte impatience , ce code dont la premiere légiflature doit bientôt recevoir le dépôt facré , & dont votre prévoyance affurera d'autant plus la ftabilité , que les moyens conftitutionnels de le voir nous feront plus exactement défignés.

Les droits de l'homme font déclarés ; la fouveraineté du peuple eft reconnue ; les pouvoirs font délégués ; les bafes de l'ordre public font établies. Hâtez-vous de rendre à la force de l'état fon énergie. Le peuple vous doit la gloire d'une conftitution libre : mais il vous demande , il attend enfin ce repos qui ne peut exifter fans une organifation ferme & complète du gouvernement.

Pour nous , voués à la révolution , réunis au nom de la liberté , garant des propriétés individuelles comme des propriétés communes , de la fûreté de tous & de la fûreté de chacun , nous qui brûlons de trouver notre place dans vos décrets conftitutionnels , d'y lire , d'y méditer nos devoirs , & de connoître comment les citoyens feront armés pour les remplir ; nous , appelés de toutes les parties de la France , par le plus preffant de tous , mefurant notre confiance à votre fageffe , & nos efpérances à vos bienfaits, nous portons, fans héfiter, à l'autel de la patrie, le ferment que vous dictez à fes foldats.

Oui, Meffieurs, nos mains vont s'élever enfemble ; à la même heure, au même inftant, nos freres de toutes les parties du royaume proféreront le ferment qui va les unir : avec quels tranfports nous déploierons à leur yeux ces bannieres, gages de notre union & de l'inviolabilité de nos fermens ! avec quels tranfports ils les recevront !

Puiffe la folennité de ce grand jour être le fignal de la conciliation des partis, de l'oubli des reffentimens, de la paix & de la félicité publiques !

Et ne craignez point que ce faint enthoufiafme nous entraîne au-delà des bornes que prefcrit l'ordre public. Sous les aufpices de la loi, l'étendard de la liberté ne deviendra jamais celui de la licence. Nous vous le jurons, Meffieurs, ce repect pour la loi, dons nous fommes les défenfeurs, nous vous le jurons fur l'honneur ; & des hommes libres, des Français ne promettent point en vain.

RÉPONSE DU PRÉSIDENT.

Messieurs,

Le jour où le pouvoir absolu a cessé d'être, le jour où les anciens ressorts qui comprimoient les volontés ont cessé de les tenir enchaînées, le jour enfin où 25 millions d'hommes, qui s'étoient endormis esclaves, se sont réveillés libres, il étoit à craindre qu'ils n'abusassent d'un bienfait trop nouveau pour eux, & que l'anarchie ne remplaçât les malheurs du despotisme. A l'instant les gardes - nationales ont paru, & la France rassurée a vu en elles le génie destiné à défendre de ses propres excès comme de ses ennemis la liberté naissante.

Que vos fonctions, Messieurs, sont nobles & pures ! l'amour de votre pays est à-la-fois le mobile & la seule récompense de vos travaux. Que vos devoirs sont grands & utiles ! Veiller constamment à la sûreté des personnes & des propriétés, c'est-à-dire, donner à tous les ci-toyens cette sécurité sans laquelle il n'est point de bonheur ; protéger par-tout la libre cir-culation des grains & des subsistances, & prévenir par-là ces prix inégaux, ces ren-chérissemens subits & violens qui n'ont que trop souvent causé les malheurs ou les défordres du peuple ; enfin affurer la perception des contributions publiques , & maintenir ainfi le tréfor national dans cette abondance fi heureufe, fi défirable, fi néceffaire ; telles font, meffieurs, vos obligations civiles. L'Affemblée nationale fait que vous les rempliffez. C'eft à fa voix que vous êtes nés tout armés, tels que ce symbole ingénieux du courage & de la fageffe. C'eft à fa voix que plus d'une fois vous avez donné des preuves de votre zèle & de votre patriotifme ; fouvent même vous l'avez prévenue. Elle vous regarde comme fes enfans ; elle vous regarde comme fes appuis. Elle reçoit aujourd'hui votre hommage ; demain la nation recevra vos fermens ; dans tous les temps vous aurez des droits à l'amour de tous les citoyens , comme à leur reconnoiffance.

Vous formez des vœux pour le prompt rétabliffement de l'ordre public & pour l'achèvement de la conftitution. Ces vœux font dans le cœur de tous les bons Français ; ils font auffi dans le nôtre , & le plus beau jour de l'Affemblée nationale fera celui où elle pourra s'en remettre à fes fucceffeurs du foin de confolider l'édifice majeftueux qu'elle fe hâte de terminer.

Heureufe aujourd'hui de vous voir dans fon fein, elle vous offre les honneurs de fa féance.

ADRESSE AU ROI,

Prononcée par M. la Fayette à la tête de la députation.

S I R E,

Dans le cours de ces événemens mémorables qui nous ont rendu des droits imprescriptibles, lorsque l'énergie du peuple & les vertus de son roi, ont présenté aux nations & à leurs chefs de si grands exemples, nous aimons à revérer en votre majesté, le plus beau de tous les titres, celui de chef des François & de roi d'un peuple libre.

Jouissez, Sire, du prix de vos vertus, & que ces purs hommages que ne pourroit commander le despotisme, soient la gloire & la récompense d'un roi citoyen.

Vous avez voulu que nous eussions une constitution fondée sur la liberté & l'ordre public. Tous vos vœux, Sire, seront remplis : la liberté nous est assurée, notre zèle vous garantit l'ordre public.

Les gardes nationales de France jurent à Votre Majesté une obéissance qui ne connoîtra de bornes que la loi, un amour qui n'aura de terme que celui de notre vie.

RÉPONSE DU ROI.

Je reçois avec beaucoup de fensibilité les témoignages d'amour & d'attachement que vous me donnez au nom des gardes-nationales réunies de toutes les parties de la France.

Puisse le jour folennel où vous allez renouveler en commun votre ferment à la conftitution, voir difparoître toutes diffentions, ramener le calme, & faire régner les lois & la liberté dans tout le royaume !

Défenfeurs de l'ordre public, amis des lois & de la liberté, fongez que votre premier devoir eft le maintien de l'ordre & la foumiffion aux lois ; que le bienfait d'une conftitution libre doit être égal pous tous ; que plus on eft libre, plus graves font les offenfes portées à la liberté, plus criminels les actes de violence & de contrainte qui ne font pas commandés par la loi.

Redites à vos concitoyens que j'aurois voulu leur parler à tous comme je vous parle ici ; redites-leur que leur roi eft leur pere, leur frere, leur ami ; qu'il ne peut être heureux que de leur bonheur, grand que de leur gloire, puiffant que de leur liberté, riche que de leur profpérité, fouffrant que de leurs maux. Faites sur-tout entendre les paroles ou plutôt les sentimens de mon cœur dans les humbles chaumieres & dans les réduits des infortunés. Dites-leur que si je ne puis me transporter avec vous dans leurs asyles, je veux y être par mon affection & par les lois protectrices du foible, veiller pour eux : dites enfin aux différentes provinces de mon royaume, que plutôt les circonstances me permettront d'accomplir le vœu que j'ai formé de les visiter avec ma famille, plutôt mon cœur sera content.

Proclamation sur l'entrée du Champ-de-Mars.

Du mardi 13 juillet 1790.

LES citoyens sont avertis qu'aux termes de la proclamation du roi, on entrera librement & *sans billets* dans le champ-de-Mars. Il n'y aura aucunes places réservées que celles de l'Assemblée nationale, des ambassadeurs, des étrangers invités, des députés des communes de France, des volontaires, des gardes-nationales, & des femmes de messieurs les députés.

On n'arrivera à ces places, situées seulement dans les deux angles attenant l'école militaire, que par les deux grilles latérales. Tout le pourtour du champ-de-Mars, devant contenir plus de *cent cinquante mille* perſonnes aſſiſes, au moins autant debout, & les autres entrées, ſont généralement deſtinés à tous les citoyens, conformément aux diſpoſitions de la proclamation du roi.

Signé, *Bailly*, maire; *Charon*, préſident de la commune pour le pacte-fédératif; *Doudou*, ſecrétaire.

Proclamation du roi, concernant l'ordre à obſerver le 14 juillet, jour de la fédération générale.

Le ROI s'étant fait rendre compte des meſures priſes, tant par le maire de Paris, que par le comité de la municipalité & de l'aſſemblée fédérative de ladite ville, pour régler les travaux préparatoires de la cérémonie qui doit avoir lieu le 14 de ce mois, & voulant prévenir toutes les difficultés qui pourroient apporter quelque trouble ou empêchement, a jugé néceſſaire de manifeſter par la préſente proclamation, l'ordre qui a paru devoir être obſervé, tant pour le logement des membres de la fédération, que pour leur marche juſqu'au lieu de la cérémonie, afin qu'aucun obſtacle ne puiſſe en troubler l'ordre ou en affoiblir la majeſté.

Le rendez - vous général des différens corps qui compoſent la fédération, aura lieu ſur le boulevard du temple, à ſix heures du matin.

Ils ſe mettront en marche & ſe rendront au champ-de-Mars dans l'ordre preſcrit par le tableau annexé à la préſente proclamation, & que ſa majeſté a approuvé.

Il n'y aura de troupes armées de fuſils, que celles qui feront de ſervice.

Nulles voitures ne pourront ſe placer à la ſuite de celles qui conduiront ſa majeſté, la famille royale & leur cortége. Si quelque député de la fédérarion, ou autre perſonne invitée, ſe trouvoit hors d'état de ſe rendre à pied au champ-de-Mars, il leur feroit donné par le maire de Paris, un billet de permiſſion de voiture & un cavalier d'ordonnance pour eſcorte juſqu'à l'école-militaire.

Le ſieur la Fayette, commandant-général de la garde-nationale pariſienne, déja chargé par un décret de l'Aſſemblée nationale ſanctionné par ſa majeſté, de veiller à la ſûreté & à la tranquillité publique, remplira, ſous les ordres du roi, les fonctions de major général de la confédération, & en cette qualité, les ordres qu'il donnera, feront exécutés comme émanés de fa majefté elle-même.

Le roi a pareillement, pour le jour de cette cérémonie, choifi le fieur Gouvion, major général de la garde-nationale parifienne.

Lorfque tous les affiftans feront en place, il fera procédé à la bénédiction des drapeaux & enfeignes, & la meffe fera célébrée.

Le roi commet ledit fieur la Fayette pour prononcer le ferment de la fédération, au nom de tous les députés des gardes nationales, & de ceux des troupes de ligne & de la marine, d'après la formule décrétée par l'Affemblée nationale & acceptée par fa majefté ; & tous les députés de la fédération leveront la main.

Enfuite le préfident de l'affemblée nationale prononcera le ferment civique pour les membres de l'Affemblée nationale, & le roi prononcera également le ferment dont la formule a été décrétée par l'Affemblée nationale & acceptée par fa majefté.

Le *Te Deum* fera chanté & terminera la cérémonie, après laquelle on fortira du champ-de-Mars, dans le même ordre qu'on y fera entré. Fait à Paris, le 11 juillet 1790. *Signé* LOUIS. *Et plus bas*, par le roi. GUIGNARD.

Ordre de la marche pour la confédération, qui aura lieu le 14 juillet, & dispositions dans le champ-de-Mars.

Toutes les personnes qui doivent composer la marche seront rendues, *mercredi 14 juillet*, à six heures précises du matin, sur la partie du boulevard depuis la porte Saint - Martin, où sera la tête de la marche, jusqu'à la porte Saint-Antoine, si le cortége tient cette étendue.

Cette marche sera formée dans l'ordre suivant:

Une compagnie de cavalerie avec un étendard & six trompettes, le chef & le major de la cavalerie marcheront à la tête de ce détachement.

Une compagnie de grenadiers, ayant la moitié de la musique & des tambours en tête.

Les électeurs de la ville de Paris.

Une compagnie de volontaires.

L'assemblée des représentans de la commune.

Le comité militaire.

Une compagnie de chasseurs.

Les tambours de la ville.

MM. les présidens de districts.

Les députés de la commune pour le pacte fédératif.

Les foixante adminiftrateurs de la municipalité, accompagnés des gardes de la ville.

Corps de mufique & de tambours.

Bataillon des éleves militaires.

Détachement des drapeaux de la garde nationale parifienne.

Bataillon des vétérans.

Les députés des gardes nationales des quarante-deux premiers départemens, par ordre alphabétique.

Le porte-oriflame.

Les députés des troupes de ligne.

Les députés de la marine.

Les députés des gardes nationales des quarante-un derniers départemens, par ordre alphabétique.

Une compagnie de chaffeurs volontaires.

Une compagnie de cavalerie, avec un étendard & deux trompettes, pour fermer la marche.

Les différens corps, tant civils que militaires, trouveront, fur le boulevard, des écriteaux indicatifs de la place où ils fe raffembleront.

Les militaires députés ne porteront d'autres armes que des épées ou des fabres.

La marche commencera auffi-tôt que ces différens corps feront complets.

On fe formera fur huit perfonnes de front.

Il fera remis aux fédérés de chaque département une banniere portant le nom de fon département.

Cette bannière fera portée au premier rang, par le fédéré le plus âgé du département.

Les troupes de ligne, à qui il fera remis une oriflâme qui fera portée au premier rang par le porte-cornette blanche de France, marcheront dans l'ordre fuivant :

Les maréchaux de France, & au milieu d'eux l'oriflâme.

Les officiers généraux.

Les officiers de l'état-major de l'armée.

Ceux du génie.

Les commiffaires des guerres.

Les invalides.

Les lieutenans des maréchaux de France.

Les députés d'infanterie, fuivant le rang des corps.

Les députés de cavalerie, fuivant le même ordre.

Les députés des huffards, ceux des dragons & des chaffeurs à cheval.

Enfuite les officiers généraux, & les députés de la marine, fuivant le rang qu'ils tiennent entre eux.

La marche fuivra la portion du boulevard jufqu'à la rue Saint-Denis ; les rues Saint-Denis, de la Ferronnerie, Saint-Honoré, Royale, la place Louis XV, où elle fera jointe par l'Affemblée nationale, le Cours-la-Reine, le quai jufqu'au pont de bateaux, d'où elle entrera dans le champ-de-Mars.

Les pelotons de drapeaux de la garde nationale parifienne auront été formés fur trois hommes de front, & marcheront accolés par rang de divifion ; de maniere que les pelotons impairs d'une divifion correfpondent aux pelotons pairs, les premiers à la droite, les feconds à la gauche.

En arrivant fur la place Louis XV, les pelotons de drapeaux fe porteront à droite & à gauche, de maniere à recevoir l'Affemblée nationale entre les deux haies, & à lui fervir d'efcorte.

En arrivant près du champ-de-Mars, la cavalerie qui fera en tête de la marche fe portera à droite, pour fe ranger dans la contre-allée extérieure.

La compagnie de grenadiers traverfera le champ-de-Mars & ira fe former fous les gradins de l'amphithéâtre, ainfi que les compagnies employées dans l'efcorte.

Les corps civils se rendront dans les places qui leur sont destinées à l'amphithéâtre.

Le bataillon des éléves militaires se portera de cent pas en avant de l'autel où il sera formé transversalement au champ-de-Mars, faisant face à l'autel.

Les pelotons de drapeaux entreront par les deux portes latérales de l'arc-de-triomphe, & se porteront aux places qui auront été indiquées à l'avance à leurs commandans.

Le bataillon des vétérans sera placé cent pas en arriere de l'autel, transversalement au champ-de-Mars.

Les détachemens des gardes nationales fédérées entreront dans le champ-de-Mars pour se ranger dans l'ordre suivant :

Le détachement du département de l'Ain se portera sur la gauche, & marchera pour se rendre au poteau indicatif de sa place ; en y arrivant, il étendra son front de maniere à n'occuper que la profondeur qui lui est désignée ; ensuite il fera front sur l'autel.

Le département de l'Aisne se portera sur la droite, & suivra la même disposition que le premier.

Tous les départemens marcheront de même successivement.

Les

Les troupes de ligne se porteront sur la gauche pour se rendre au poteau indicatif de leur place , & le détachement de la marine se portera également sur la droite , & chacun fera face vers l'autel.

La musique occupera la partie de la plate-forme au bas de l'autel du côté des invalides.

Les tambours occuperont la contre-partie.

Le détachement de cavalerie qui fermera la marche se tiendra dans la contre-allée gauche & extérieure du champ-de-Mars.

Lorsque tout le cortége sera placé , l'oriflâme & les bannières des départemens seront portées au haut des marches de l'esplanade au bas de l'autel pour y être bénies ; ensuite elles seront reportées à leurs départemens respectifs.

Après la bénédiction des bannières, on célébrera la messe , après laquelle le major-général de la confédération prononcera le serment fédératif, qui sera prêté par tous les confédérés.

Le *Te Deum* sera chanté après le serment ; & la cérémonie finie, on sortira dans l'ordre où l'on sera entré.

Le roi & la famille royale se rendront à la cérémonie par l'intérieur de l'école militaire.

Il y aura des ordres particuliers pour les salves d'artillerie, ainsi que pour les dispositions de la garniture des troupes, tant dans le champ-de-Mars que pour maintenir le bon ordre à l'extérieur, & assurer la tranquillité publique dans la capitale.

La présente disposition a été ordonnée par le roi.

Signé BAILLY, *maire.*

LA FAYETTE.

Motion de M. Barrere de Vieuzac.

M. Barrere de Vieuzac a proposé à l'Assemblée nationale, au nom du comité des domaines & de la municipalité de Paris, non pas de faire édifier un palais sur les ruines de la bastille, car on intéresse des hommes libres autrement que par l'appareil du luxe & de la magnificence ; mais de laisser les restes de cette forteresse tels qu'ils sont maintenant, & d'élever au milieu de ces décombres, témoins toujours subsistans de l'esclavage de nos peres & de notre courage, un modeste obélisque construit avec les pierres même de la bastille, & sur lequel on inscrira, non plus des phrases flatteuses, mais la déclaration des droits, la date de la prife de ce fort & celle auffi de la confédération générale. Ce projet de décret a été ajourné ; il retrace quelque chofe des monumens qui furent élevés dans les beaux jours de la Grece, & de ceux qui, exiftant encore chez les Suiffes, leur rappellent fans ceffe la conquête de leur liberté & autour defquels ils fe livrent tous les ans à des réjouiffances civiques : on pourroit même infcrire ces feuls mots fur l'obélifque : ICI FUT LA BASTILLE.

Revue des Confédérés par le Roi.

Sa Majefté défirant connoître plus parfaitement & faire la revue des différentes gardes nationales & volontaires qui fe font raffemblées à Paris pour la confédération génerale du 14 juillet, ordonne que les différentes troupes fe raffemblent aujourd'hui mardi, à trois heures de l'après - midi, dans la place Louis XV & dans les Champs-Elyfées. Les troupes fe rangeront fous leurs chefs refpe&ifs, fuivant les différentes divifions dont elles feront compofées. Elles entreront dans le jardin des Tuileries,

H 2

les unes après les autres dans l'ordre de la marche.

Celles qui arriveront les premieres seront placées près du pont-tournant, & ainsi de suite. Elles prendront par la grande allée des Tuileries, passeront sous le vestibule du château, sortiront par la cour royale & le carrousel, où elles se sépareront pour retourner chacune dans leurs quatiers respectifs. Les commandans marcheront à la tête de leurs troupes, & présenteront en passant, à Sa Majesté, un état des officiers, gardes nationales & volontaires qui font sous leurs ordres, avec la désignation des départements, districts & cantons auxquels ils appartiennent.

M. la Fayette, lieutenant-général de la garde nationale parisienne, & major-général de la confédération, ainsi que M. Gouvion, major-général de la garde nationale parisienne & major en second de la confédération, ont pris les précautions nécessaires pour maintenir le bon ordre dans la marche & le rassemblement des différentes troupes, & la facilité de l'abord & de la sortie des Tuileries.

Malgré la pluie la revue a eu lieu.

---

14 juillet.

Matinée de la fédération.

Beaucoup de citoyens avoient passé la nuit au champ-de-Mars; des détachemens nombreux de la garde nationale parisienne s'y étoient rendus pour le garder. Le temps étoit très-défavorable, le vent froid, & il tomboit des ondées de pluie fortes & fréquentes; rien cependant ne décourageoit les spectateurs, parmi lesquels il y avoit un très - grand nombre de femmes. On y a fait toute la nuit des feux qui ont servi à réchauffer les braves enfans de la liberté, & autour desquels on a formé des danses. Le jour venu, les soldats citoyens témoignèrent de la maniere la plus expressive, la joie que leur inspiroit l'approche d'un si beau moment. Quelques-uns faisoient des évolutions militaires; d'autres formoient autour de l'autel un cercle immense; quelques-uns s'amusoient à la course; puis formant des corps nombreux, ils tiroient le sabre, se précipitant les uns sur les autres, & entre - choquant le glaive, ils donnoient le spectacle d'une petite guerre: des

H 3

chanfons militaires accompagnées du fon des tambours fe mêloient à ces exercices, que la pluie ne pouvoit interrompre, quelle qu'en fût la violence; & les ennemis de la révolution devoient fentir accroître leur douleur, en voyant l'ardeur de notre armée, que la fatigue & l'inclémence des faifons ne fauroit abattre.

Des étrangers placés dans les gradins, & qui avoient été témoins de cette ivreffe, d'un air fombre & férieux, fe font écriés : *Voyez un peu ces D.... de Français, qui danfent pendant qu'il pleut à verfe.* Les fpectateurs n'étoient pas moins gais; feulement ils maudiffoient un peu les ariftocrates, & paroiffoient perfuadés que leurs longues & nombreufes iniquités avoient grande part à la pluie qui troubloit nos plaifirs. Quelques-uns difoient qu'ils avoient fait une neuvaine; d'autres appeloient ces ondées *les larmes des ariftocrates*; enfin le peuple fe fâchoit contre le ciel, & difoit qu'il étoit *ariftocrate*.

Un homme mécontent a infulté une fentinelle; il s'eft vu faifi, entouré d'une multitude de gardes-nationales, & s'eft dit confeiller au parlement : on l'a conduit à la réferve, & l'on a paru plus touché de fa démence, qu'offenfé de fon infulte.

Vers huit heures du matin, les citoyens font

venus en plus grand nombre : les deux prem'ers rangs réfervés pour les étrangers ne faifoient peine à perfonne, & les fentinelles n'éprouvoient aucune difficulté pour les garder ; mais les billets diftribués en grand nombre pour une enceinte particulière, dont une partie étoit couverte, ont excité quelques tumultes : on étoit fâché de voir cette préférence marquée ; car on fentoit bien que ces billets n'avoient été diftribués, par les préfidens & commiffaires des diftricts, qu'à leurs amis, leurs voifins & leurs comperes. Certes, l'affemblée fédérative a commis une faute, en faifant diftribuer ces billets. Les fêtes publiques, religieufes ou patriotiques, font pour tout le monde, & les places doivent être pour le premier arrivé.

* * *

Defcription du champ-de-Mars préparé pour la fête du 14.

Le Champ-de-Mars préfente un cirque elliptique ingénieufement deffiné entre des arbres d'une fraîche verdure, & ce palais fuperbe où nos ennemis voyoient croître avec peine les rejetons précieux des héros qui les ont vaincus.

Au milieu du cirque s'éleve un autel dédié à la Patrie.

En face , adoſſé au bâtiment de l'école-militaire , un amphithéâtre immenſe ſupporte le trône ou réſidera la Majeſté de la nation.

Autour de l'arêne regne un autre amphi-téâtré compoſé de trente gradins , ſurmonté de planimétries inclinées , qui dans leur ex-trémité ſupérieure ſe confondent avec des branches d'arbres touffus , d'où naît le plus beau couronnement que l'art ait pu rappro-cher.

Le cirque s'ouvre par un arc de triomphe d'un deſſin hardi. Il a trois vaſtes entrées d'é-gale grandeur : un bas - relief ſupérieur & un couronnement d'ordre dorique en font la décoration.

On arrive à cet arc de triomphe par une longue chauſſée que des milliers de bras ont pratiquée en comblant des foſſés profonds , en faiſant des levées de terre conſidérables , en formant un pont de bateaux dans toute la lar-geur de la Seine.

Ces préparatifs qu'une année , ce ſemble , eût à peine pu voir achever, ont coûté quel-ques jours à nos artiſtes , quelques heures à nos gardes nationales , quelques minutes à nos Athéniennes.

Enfin ce jour de bonheur luit ſur la France.

Mercredi 14 juillet 50000 citoyens fe font raf-
femblés à 6 heures du matin fur le boulevard
entre les quartiers du Temple & la porte Saint-
Martin (*); la municipalité, les électeurs, les
cent vingt députés de la commune, les repréfentans des corps militaires de terre & de mer,
nationaux & étrangers, & les repréfentans des
quatre-vingt-trois départemens. A huit heures
précifes ce cortége impofant eft parti de la porte
Saint-Martin. La marche étoit ouverte par un
détachement de la garde nationale parifienne à
cheval avec fa mufique, fes tymbales & fes
trompettes. Suivoient les citoyens de Paris,
électeurs à l'époque du 14 juillet 1789, dans
ces temps difficiles, cette nuit terrible que nos
tyrans, dans leur folle audace, croyoient devoir

(*) Il a été donné à chacun des députés & des membres de la fête une médaille dont le deffin a été imaginé
& exécuté par M. Gatteau ; un côté repréfente la France
debout devant l'autel de la patrie, ayant la main droite
fur le livre de la conflitution, & tenant de la main gauche
un faifceau d'armes ; au bas de l'autel, la félicité publique
avec fes attributs ; derriere, un drapeau, dont la lance porte
un bonnet phrygien ; dans le haut, la vérité qui repouffe
les nuages ; de l'autre côté du jeton on lit pour exergue:
Confédération des Français, Paris, XIV juillet M. DCC XC.

être la derniere de Paris. Après ceux-ci , un détachement de la garde nationale parifienne marchoit précédé de fa mufique. Venoient enfuite les députés de la commune de Paris, élus en août 1789, les cent vingt autres députés élus par les foixante diftricts pour faire les honneurs de la fête , accompagnés des préfidens des diftricts ; les foixante adminiftrateurs provifoires de la ville de Paris.

Le cortége d'honneur des 120 députés de la commune, des 60 préfidens, des adminiftrateurs & de M. le maire, étoit formé par les gardes de la mufique de Paris.

On voyoit alors flotter dans les airs ces bannieres que la commune de Paris a données à chaque département comme un gage d'alliance & de fraternité. Elles font fimples & fans fafte : un bâton terminé par une pique, des cravates aux couleurs de la nation , un taffetas blanc fur chacun des deux côtés duquel font peintes deux couronnes de chêne, avec cette légende au milieu de l'une, *conftitution ;* au milieu de l'autre, *confédération nationale , à Paris, XIV juillet M. DCC. XC.* Sur chacune eft écrit auffi le nom du département auquel elle appartient.

Sous ces drapeaux s'avançoient à pas lents &

majeftueux tous ces hommes généreux qui ,
dévoués à la révolution , l'ont accélérée, fecondée
de tous leurs efforts , dans nos provinces recu-
lées où l'efprit public s'eft formé plus lentement,
arrêté dans fes progrès par des fuperftitions politiques & religieufes , & par toutes les terreurs
que la rage de nos ennemis fouffloit dans l'ame
des habitans des campagnes , à peine mûrs pour
la liberté.

On diftinguoit à leur attitude fiere & majeftueufe ces Bretons invincibles , que le defpo-
rifme , armé de toute fa puiffance , n'a jamais
étonné ; & qui , dans les temps de fervitude
même , faifoient trembler leurs oppreffeurs. Vous
ne leur cédiez point en vertu , courageux Dau-
phinois , qui les premiers , peut - être , avez
ofé proclamer vos droits , les droits des peuples ;
& vous, fages Bordelais, qui , toujours prêts à
voler au fecours de vos freres , avez mérité
une place diftinguée dans les faftes d'un peuple
régénéré. Tous les regards fe fixent auffi fur
ces dignes defcendans de l'antique Marfeille,
la gloire de la nouvelle ; & fur ces Flamands ,
que de criminelles manœuvres n'ont pu féduire ;
& fur ces patriotes qui font venus des rives du
Rhône ; & fur ceux du Poitou , ceux de la

Champagne, ceux du Lyonnois (*), & tous nos freres enfin, car tous s'honorent du nom de Français, tous ont concouru avec ardeur au bien commun, par un facrifice fans exemple des intérêts particuliers.

Au centre des départemens, les troupes de ligne fuivoient l'oriflâme dont Paris leur fait auffi préfent, & qui étoit portée par M. Vergennes. *Les couronnes civiques* qui le décorent, & ces mots *conftitution & confédération nationale*, feront à jamais la devife de ces guerriers.

Le corps des ouvriers de l'artillerie & celui des mineurs, le régiment du roi & celui des gardes - fuiffes, le corps royal du génie, la maréchauffée, la compagnie de la connétablie, les commiffaires des guerres, les maréchaux de France, les lieutenans-généraux, les maréchaux-de-camp, les compagnies de la maifon militaire du roi.

Les officiers de fervice dans ces poftes, le

(*) On a remarqué le deffin de l'étendard de ces patriotes, dont l'idée, prife chez les Romains, annonce qu'ils ne craignent pas de rivalifer avec eux en amour pour la liberté. Le coftume riche & magnifique du tambour-major de cette ville relevoit la fuperbe contenance de la députation.

corps royal des canonniers-matelots, les ingé-
nieurs-conſtructeurs de la marine, les commiſ-
ſaires-généraux & ordinaires des ports & arſe-
naux paroiſſoient avec éclat au milieu de toutes
ces milices ſi cheres à la France.

Notre admiration ſe repoſoit auſſi ſur ces
vieux guerriers, qui n'ont pas voulu quitter
la vie ſans avoir donné à la patrie un dernier témoignage de leur dévouement.

Les députés de Royal-Allemand ſembloient
neanmoins éprouver une ſorte de gêne dans
les murs où ils ont tiré ſur le peuple ; mais
ſans doute ils étoient affectés des mêmes ſentimens que leurs camarades ; & ſi de triſtes
ſouvenirs les privoient des applaudiſſemens que
recevoient les autres, ils ne peuvent en accu-
ſer que leur chef *Néron - Lambeſc*, dont le
nom ſera toujours odieux aux vrais patriotes.

L'accueil qu'ont reçu les députations des
gardes-du-corps n'a pas dû également les ſatis-
faire. On les a jugés avec trop de ſévérité ſans
doute ; quelques-uns ont été coupables envers
la nation : c'eſt un fait qu'il ſeroit inutile de
vouloir pallier ; mais beaucoup de membres de
ce corps étoient d'excellens patriotes. Ainſi,
en ne confondant pas les coupables avec les in-
nocens, en plaignant la ſituation de ces der-

niers, tous les citoyens défirent que le roi n'ait jamais une garde particuliere ; & en honorant l'individu qui le portoit , ils n'ont pas vu avec plaifir un uniforme qui leur retraçoit que cette garde exiftoit encore.

Quant aux gardes-du-corps des freres du roi, il eft inconteftable que ceux-ci ne font que de fimples citoyens , & que des citoyens ne doivent point avoir de gardes : on doit être fort étonné qu'ils en aient encore.

La marche étoit fermée par un détachement de gardes nationaux à cheval.

Le cortége avançoit dans cet ordre , accompagné de deux haies de gardes-nationaux , au fon des inftrumens militaires , au bruit du plus harmonieux des concerts que formoient ces cris répétés par toutes les bouches , retentiffant dans toutes les ames : Vive *la nation* ! vive *le roi* !

La marche a fuivi le boulevard jufqu'à la porte Saint-Denis , & parcouru la rue Saint-Denis jufqu'à la rue de la Ferronnerie.

Lorfqu'on fut arrivé à cette rue devenue trop fameufe , tout-à-coup ces mouvemens impétueux fe rallentirent , tous les efprits fe glacerent d'une filencieufe horreur. Pourquoi ces gémiffemens & ces larmes fur le fort de

Henri, comme si sa mort étoit encore récente, comme si ses mânes n'étoient pas vengées par l'exil du fanatisme ? Hélas ! on ne se console donc jamais de la perte d'un bon roi !

Bientôt la rue Saint-Honoré est parcourue jusqu'à la Place royale. Dans les chemins, aux fenêtres, sur les toîts, par-tout des hommes transportés, enivrés d'une joie sage, qui ne ressemble point à la joie pétulante des esclaves. Aux accens de l'alégresse publique, des vieillards se raniment, & s'étonnent de trouver la mort moins amere ; des meres accourent, leurs enfans dans les bras, & fideles aux mouvemens de la nature, elles les consacrent à la patrie, & promettent de leur faire sucer, avec le lait, un attachement inviolable à la *nation*, à la *loi*, au *roi*.

Les soldats citoyens sur pied depuis cinq heures du matin mouroient de faim. On leur jetoit par les fenêtres des pains qu'ils recevoient sur leurs sabres & sur leurs bayonnettes : on y joignoit des viandes froides on fumées ; on leur descendoit du vin, de l'eau-de-vie, des liqueurs, de l'eau dans des bouteilles attachées à de longs rubans aux trois couleurs. Ils saisissoient tout avec empressement, & cela ne doit pas étonner, car des héros patriotes déjeûnent tout aussibien que des ariſtocrates , & encore mieux , parce qu'ils n'ont point de remords. Les cris : *Vive la nation , vive la loi , vivent nos freres ,* perçoient les airs , & les députés des provinces répétoient: *Vivent les Pariſiens nos freres , nos amis , les conquérans de la liberté.*

L'Aſſemblée nationale , préſidée par M. Bonnay , s'étoit avancée juſqu'à la place de Louis XV : quand on y fut arrivé, les pelotons de drapeaux ſe porterent à droite & à gauche , enſorte que l'auguſte Aſſemblée fut reçue entre deux haies qui lui ſervoient d'eſcorte. Le cortege ainſi compoſé paſſa , en détournant les yeux , devant la ſtatue orgueilleuſe de ce roi qui devint le fléau d'un peuple qui l'avoit appelé *le Bien-aimé.* La marche fut continuée par le Cours-la-Reine & le quai de Chaillot. Sur les midi on traverſa la Seine ſur le pont de bateaux , & joignant la chauſſée nouvellement pratiquée , on arrive au Champ-de-Mars.

Se préſente l'arc - de - triomphe décoré de tout ce que l'art peut imaginer de plus grand & de plus ſimple en même temps.

Au-deſſus de l'entrée principale , d'un côté , ſe liſoit ces mots :

> Conſacrés au grand travail de la conſtitution ,
> Nous le terminerons.

De

De l'autre côté :

> Le pauvre fous ce défenfeur
> Ne craindra plus que l'oppreffeur
> Lui raviffe fon héritage.

Ces deux infcriptions fe rapportent à l'action de quelques perfonnages allégoriques qu'on voit s'élancer à travers les obftacles, vers le but defiré que leur montre la loi.

A l'entrée, du côté gauche, des guerriers prêtent le ferment civique, & femblent prononcer ces vers qu'on lit plus bas :

> La patrie ou la loi peut feule nous armer,
> Mourons pour la défendre, & vivons pour l'aimer.

Au-deffus de l'entrée latérale, à droite, des hérauts d'armes embouchant la trompette, proclament la paix dans l'étendue d'un vafte empire, & les peuples, s'abandonnant à de douces efpérances, chantent avec alégreffe :

> Tout nous offre d'heureux préfages,
> Tout flatte nos defirs :
> Douce paix, loin de nous écarte les orages,
> Et comble nos plaifirs.

Voici les infcriptions qu'on lifoit encore fur l'arc - de - triomphe, & qui forçoient de jeter

I

l'arc - de - triomphe , & qui forçoient de jeter les regards en arriere.

Les droits de l'homme étoient méconnus depuis des fiécles ; ils ont été reconquis pour l'humanité entiere.

Des députés de différens peuples viennent rendre hommage à l'Affemblée nationale dans le tableau placé au-deffus de ces mots :

Le roi d'un peuple libre eft feul un roi puiffant.

Ce vers eft juftifié par l'emblême d'une femme qui enchaîne des lions à fon char, & attache à fa fuite la force, la puiffance, repréfentées par différentes figures ; elle eft appuyée fur le livre de la loi : fuivent le roi, la reine ; ils tiennent leur fils par la main : plus loin on voit une foule de fages.

Alors fe livre un combat contre l'hydre redou-table ; on voit fes têtes abattues fous une main terrible. Au-deffus ce diftique :

Nous ne vous craignons plus, fubalternes tyrans,
Vous qui nous opprimiez fous cent noms différens.

A l'autre extrémité, un peuple immenfe écoute avec attention les fages exhortations d'un guer-rier victorieux, exprimées par ces mots :

Vous chériffiez cette liberté, vous la poffédez maintenant ;
montrez-vous dignes de la conferver.

Au milieu du cirque où s'élève l'autel circulaire, se sont placés les doyens d'âge des départemens & des pelotons de troupes de ligne. Les bannières & l'oriflâme sont déployés. L'encens brûle & monte vers le ciel ; tout est préparé pour le sacrifice.

L'autel est entouré de quatre exhaussemens placés vers les quatre parties du monde.

Sur la premiere face, à gauche, une belle femme écarte & dissipe les nuages qui l'entourent, & sa beauté brille dans tout son éclat. On lit au-dessus :

CONSTITUTION.

La France, sous la forme d'une femme, paroît assise sur une partie du globe ; elle a dans ses mains la corne d'abondance, à ses côtés sont les attributs des arts & des sciences.

Sur la façade qui regarde la galerie, des guerriers, les bras tendus vers un autel, prononcent ce serment :

Nous jurons de rester à jamais fideles à la nation, à la loi, au roi, de maintenir de tout notre pouvoir la constitution décrétée par l'Assemblée nationale & acceptée par le roi ; de protéger, conformément à la loi, la sûreté des personnes & des propriétés, la libre circulation des grains dans l'intérieur du royaume, la perception des contributions publiques, sous quelques formes qu'elles existent, &

de demeurer unis à tous les Français par les liens indiſſolubles de la fraternité.

Sur l'un des côtés , vis à-vis l'amphithéâtre
circulaire , on liſoit ces vers gravés dans toutes
les ames libres :

> Les mortels ſont égaux, ce n'eſt point la naiſſance ,
> C'eſt la ſeule vertu qui fait la différence.
>
> La loi, dans tout état , doit être univerſelle ;
> Les mortels quels qu'ils ſoient ſont égaux devant elle.

Sur le côté oppoſé , la renommée proclame
dans toute la France , des décrets immortels
qu'elle proclamera bientôt dans l'univers :

Songez aux trois mots ſacrés qui garantiſſent ces décrets:

LA NATION, LA LOI, LE ROI.

La nation, c'eſt vous.
La loi, c'eſt encore vous, c'eſt votre volonté.
Le roi, c'eſt le gardien de la loi.

La cavalerie, qui précédoit la marche, s'é-
toit portée à droite & rangée dans la contre-
allée extérieure, & ſur les gradins de l'amphithéâtre ſe ſont formées toutes les compagnies
employées dans l'eſcorte.

Le bataillon des éleves militaires, *l'eſpérance
de la patrie*, étoit placé de cent pas en avant
de l'autel , où il ſe formoit transverſalement
au champ-de-Mars faiſant face à l'autel.

Les vétérans, par le plus beau des contrastes, s'étoient portés de cent pas en arrière de l'autel, aussi transversalement au champ-de-Mars.

Ne pouvant plus charger lestement un fusil, ils ont armé leurs bras d'une longue pique. Quelques gens mal-intentionnés ont voulu jeter du ridicule sur ce trait de patriotisme, mais l'histoire l'inscrira dans ses fastes, & nos descendans ne le liront point sans attendrissement.

Le détachement du département de l'Ain s'est étendu sur la gauche, de manière à n'occuper qu'une certaine profondeur : il faisoit front à l'autel.

Le département de l'Aisne a suivi sur la droite les mêmes dispositions : le même ordre pour les autres départemens successivement.

Les troupes de ligne sur la gauche, & le détachement de la marine sur la droite, étoient aussi tournés vers l'autel.

L'amphithéâtre superbe adossé à l'autel militaire, a reçu, sous le plus élégant pavillon, l'Assemblée nationale, la municipalité & les électeurs. Sous un dais, surmonté d'un drapeau blanc, le président de l'Assemblée s'est placé à la droite du roi. C'est de-là que ce bon prince, entouré de son épouse, de ses enfans, de tous les objets chers à son cœur, contemploit un ſpeĉacle que les richeſſes & les grandeurs ne donneront jamais à un monarque ; quinze cent mille hommes prêts à verſer tout leur ſang pour ſa défenſe, quinze cent mille hommes repréſentans de trente millions d'hommes, prêts à prolonger ſa vie aux dépens de leurs jours. Combien il en a dû coûter à ſa ſenſibilité, de n'avoir pu ſe montrer dans toute la longueur de la marche au milieu de ſes enfans. Mais il faut qu'on ſache qu'il s'eſt rendu à la cérémonie dans la voiture du ſacre ; il penſoit, avec raiſon, que ce jour devoit être celui de ſon vrai couronnement, du couronnement de ſa poſtérité.

La proceſſion fédérale a duré fort long-temps ; elle éprouvoit de fréquens retards, à meſure que les corps arrivés au champ-de-Mars y prenoient place ; quand elle s'arrêtoit, les danſes avoient lieu malgré les averſes ; les députés d'Auvergne, de Provence, &c. exécutoient celles de leur pays.

Par-tout M. Bailly a reçu de ſes concitoyens les marques d'attachement & d'eſtime dus à ſes vertus & à ſes ſervices. M. la Fayette a auſſi été accueilli avec tranſport.

Il eſt impoſſible de décrire le ſpeĉacle qu'offroit le champs-de-Mars, quand tous les corps y ont été réunis ; les ſoixante drapeaux de Paris, & les quatre-vingt-trois bannieres flottantes, offroient au milieu de cette foule immenfe de foldats , le coup-d'œil le plus raviffant. Un peuple immenfe affis fur les gradins du cirque, les arbres le couronnant par leur   e ondoyante, & la montagne de Chaillot & de Paffy , dont les jolies maifons étoient chargées de fpectateurs , ajoutoient à l'agrément & à la richeffe du tableau.

Le cortège placé, l'oriflâme & les ban-nieres des départemens ont été portées en haut des marches de l'efplanade , au bas de l'autel, pour y receyoir la bénédiction, puis reportées à leurs départemens refpectifs.

A trois heures & demie , l'évêque d'Autun, accompagné des foixante aumôniers de la garde parifienne , a commencé le facrifice.

La mufique la plus impofante commandoit aux ames d'élever leurs penfées à l'éternel.

La meffe finie , la bombe a donné le fignal convenu à toutes les municipalités du royaume.

Un filence religieux a préparé le plus beau moment de la monarchie françaife.

M. la Fayette eft monté à l'autel. Là, au nom de toutes les gardes nationales de France, il a prononcé le ferment fuivant :

» Je jure d'être à jamais fidele à la » nation , à la loi & au roi , de maintenir la

» conſtitution décrétée par l'Aſſemblée natio-
» nale, & acceptée par le roi, de protéger
» conformément aux lois, la ſûreré des per-
» ſonnes & des propriétés, la libre circulation
» des grains & ſubſiſtances dans l'intérieur du
» royaume, & la perception des contributions
» publiques, ſous quelques formes qu'elles
» exiſtent, de demeurer uni à tous les Fran-
» çais par les liens indiſſoludes de la frater-
» nité ».

Tous les députés des gardes nationales &
autres troupes du royaume, ſe ſont écriés : *Je
le jure.*

Le préſident de l'aſſemblée s'eſt avancé.

» Je jure d'être fidele à la nation, à la loi,
» au roi, & de maintenir de tout mon pou-
» voir la conſtitution décrétée par l Aſſemblée
» nationale & acceptée par le roi ».

Chacun des membres de l'aſſemblée a répété. *Je le jure.*

Le roi a levé les bras vers l'autel.

» Moi, roi des Français, je jure à la nation
» d'employer tout le pouvoir qui m'eſt délé-
» gué par la loi conſtitutionnelle de l'état, à
» maintenir la conſtitution & à faire exécuter
» les lois ».

Quinze cens mille voix ont crié : *Je le jure,*

& ce ferment a retenti jufqu'aux extrémités de la France.

Entendez ce ferment, vous tous qui menacez encore notre conftitution; entendez, & tremblez.

Pendant toute cette cérémonie, l'artillerie faifoit un bruit impofant, & plus de trois cents tambours étoient frappés à la fois.

Au bruit de l'artillerie, les perfonnes reftées dans Paris, & qui bordoient les fenêtres, ont levé la main avec tranfport. Un père a pris celle de fon fils au berceau pour le faire participer au ferment du patriotifme.

Le roi, comme il a été dit plus haut, étoit venu avec la famille royale dans fes voitures, & fa majefté y étoit entrée par le bâtiment de l'école militaire, où etoit adoffé l'amphithéâtre du trône. La reine, M. le dauphin, madame, *Monfieur*, &c. &c. étoient placés dans une eftrade au-deffus du roi : foixante-huit perfonnes de la cour formoient le cortège de fa majefté. Elle avoit un habit à la françaife, lilas en argent, avec une broderie très-riche.

On auroit défiré que le roi fe fût avancé lui-même, qu'il eût traverfé le cirque, & qu'en préfence du peuple qui l'auroit vu de tous les côtés, ils eût prêté ce ferment folennel. De quelle douce jouiſſance l'ont privé ceux qui lui ont conſeillé de ne pas faire cette démarche! quels cris! quels tranſports n'eût-elle pas excité! on paroiſſoit diſpoſé à le porter juſqu'à l'autel.

La reine, qui avoit des plumes aux couleurs de la nation, a également prêté ferment. Après que le roi a eu prêté le ſien, il a été joindre ſa famille ; il a embraſſé ſes enfans; il a pris la main de la reine & du dauphin, & il les a ſerrées avec la plus vive émotion.

Quand le *Te Deum* a été chanté, tous les ſoldats-citoyens ont remis leurs épées dans le fourreau & ſe ſont précipités dans les bras l'un de l'autre, en ſe promettant union, amitié, conſtitution & de mourir pour la défenſe de la fraternité, & de la liberté.

Il étoit près de ſix heures, quand les députations des provinces ſe ſont rendues à la Muette, où on leur avoit préparé un dîner, principalement compoſé de viandes froides. Dans toutes les allées du parc, des tables étoient dreſſées, & les proviſions étoient ſi abondantes, qu'après le dîner des gardes nationales on en a diſtribué à tout le peuple.

Il eſt inutile de dire que la joie & la fraternité préſidoient ce banquet patriotique, & que pluſieurs ſantés ont été portées à la *nation*, à la *liberté*, au *roi*, &c.

Le ſoir, toutes les rues ont été illuminées ; mais preſque toutes les illuminations ont été éteintes par la pluie. Celle de M. Charles Villette ſeule a été conſervée, & elle le méritoit bien, car elle étoit charmante. Tous les ſpectateurs ont demandé l'auteur : on a exigé qu'il parût, & il a reçu les témoignages de l'amitié la plus franche & la plus cordiale.

M. Charles Villette eſt un de nos bons écrivains & de nos plus ardens patriotes : il a rendu d'importans ſervices dès le commencement de la révolution. Ses cahiers, ſon mémoire pour les ſerfs du Mont-Jura, contiennent pluſieurs idées qui paroiſſoient alors ſingulières, & qui ont été adoptées depuis. Il eſt du petit nombre de ceux qui ont amené, ſuivi & ſervi la révolution : ce tribut d'eſtime que lui ont donné ſes frères, le dédommage des injures qui lui ſont adreſſées par les ariſtocrates dans les *Actes des Apôtres*, & dans d'autres libelles qui vont devenir plus mépriſables que jamais.

Grâces à la prudence & à la ſageſſe de l'adminiſtration de la police, il n'y a eu aucun déſordre, aucun accident dans les rues. Un malheureux canonnier a été tué par la bourre d'un canon;

quelques foldats ont été bleffés par des événemens imprévus, ce qui eft inévitable dans une
fi grande réunion d'individus.

Un autre accident qui pouvoit être plus fu-
nefte , a penfé troubler la joie de ce beau jour ;
quelques planches du pont de bateaux fe font
rompues : heureufement ceux qui marchoient
deffus fe font retirés à temps , & perfonne n'a
été bleffé , du moins grièvement.

Un fpectacle très-réjouiffant a fuccédé à cette
fête. Plus de 350 mille tant hommes que femmes étoient réunis dans le Champ-de-Mars ,
& il n'y avoit pas d'intermédiaire entre le
ciel & eux ; or, l'on avoit remarqué que depuis
fept heures jufqu'à midi, il y avoit eu cinq orages
affez longs , ou fi l'on veut , un orage arifto-
cratique en cinq actes (c'eft ainfi qu'on l'a
nommé) qui s'étoient *confédérés fans doute* ,
pour chaffer nos Parifiennes & nos fœurs des
provinces ; mais elles ont tenu bon , elles ont
défié les vents & la pluie par diverfes chanfons
agréables , & n'ont quitté qu'après la cérémonie.

Leur retour reffembloit à une véritable maf-
carade. Plufieurs fans chauffure , ou dont la
chauffure reftoit à chaque pas dans les boues ,
toutes les cheveux épars , fans bonnets , ou

(141)

avec un mouchoir autour de leur tête, revenoient efcortées d'un cavalier crotté comme elles
jufqu'à l'échine ; la gaieté cependant préfidoit
cette marche, qui avoit l'air d'un triomphe.
Plufieurs compagnies revenoient en danfant.

Cependant le cortége eft forti du champ-
de-Mars, avec autant d'ordre qu'il y étoit
entré.

On doit à la vigilance active de M. la
Fayette, major général de la confédération,
la tranquillité parfaite qui, dans l'aimable confufion de cette fête patriotique, ajoutoit de
nouveaux charmes à nos plaifirs.

M. Gouvion, major - général en fecond,
doit partager auffi notre reconnoiffance. L'intérieur de Paris, gardé par douze mille hommes
de la garde nationale, n'a pas vu renouveler
ces fcenes funeftes, qui prefque toujours accom-
pagnoient les réjouiffances données par des
defpotes.

Tous les corps fe font rendus à la Muette,
maifon royale près du bois de Boulogne. Là,
rangés fur la vafte efplanade du corps-de-logis,
ils ont, à la manière des Lacédémoniens, invefti
les tables qui gémiffoient fous le poids *des
aloyaux* & autres mets d'un affaifonnement
plus délectable que leur *fauce noire* tant vantée.

Nous laiſſons à penſer ſi, comme dit Boileau, les cruches au large ventre ont eu beau jeu, & ſi les ſantés du roi, de la reine, de l'Aſſemblée nationale & de tous nos confédérés, ont été portées & rendues : ce qu'il y a de remarquable & ce qui eſt bien digne d'éloges, c'eſt que, à la fin de ce banquet civique, on ne s'eſt pas apperçu qu'il régnât d'autre ivreſſe que celle de l'hilarité, de l'amour fraternel, & du plus pur patriotiſme.

Cependant une foule innombrable d'amantes de la liberté, comme on nous repréſente les nymphes des campagnes, ornées de rubans & de fleurs, ſont venues doubler la joie des convives. Des bons - mots, des chanſons, de charmantes agaceries, n'ont rien coûté à leur facile abondance.

Extrait du procès-verbal de l'aſſemblée nationale, dont l'aſſemblée nationale a ordonné, par ſon décret du 17 du même mois, l'impreſſion & la diſtribution aux députés à la fédération nationale.

Du 14 juillet 1790.

L'aſſemblée nationale s'eſt réunie au lieu ordinaire de fes féances, à neuf heures : tous les membres ayant pris leurs places, M. le Préfident a annoncé que M. le maire de Paris avoit fait prévenir que la colonne de l'armée fédérative étoit en marche pour fe rendre au champ-de-Mars, & que les officiers municipaux viendroient chercher l'Affemblée nationale, quana les troupes & le cortége feroient arrivés vis-à-vis du Pont-tournant, à la partie de cette colonne au milieu de laquelle les repréfentans de la nation devoient fe placer.

Il a propofé à l'affemblée, au lieu d'attendre la municipalité de Paris dans la falle de fes féances, de fe rendre dans la grande allée des Tuileries, pour fufpendre moins long-temps la marche de l'armée. L'affemblée ayant agréé cette mefure, elle a arrêté que fes membres marcheroient quatre de front & fur deux lignes, ayant à leur tête le préfident fuivi des fecrétaires, & précédé des huiffiers de l'affemblée nationale.

M. le préfident a annoncé l'ordre du jour pour demain, & fixé l'ouverture de la féance une heure plus tard que les autres jours.

A dix heures, un aide-de-camp du commandant-général de la fédération, fous les ordres du roi, eft venu avertir l'affemblée na-

tionale que la colonne paſſoit devant les Feuil-
lans , & feroit bientôt au Pont - tournant.

Alors l'Aſſemblée s'eſt miſe en marche &
s'eſt rendue , dans l'ordre convenu , par la
grande allée des Tuileries , près du grand
baſſin.

Un aide-de-camp du commandant , ſous les
ordres du Roi, s'eſt rendu auprès de M. le Préſident , & lui a dit qu'il étoit envoyé pour reſ-
ter près de lui , recevoir & faire exécuter ſes
ordres.

Peu après le commandant lui-même eſt venu
avertir M. le préſident de l'arrivée de la colonne de l'armée , & enfin la municipalité ayant
M. le maire de Paris à ſa tête , eſt venue inviter
l'aſſemblée nationale à ſe rendre à la place qui
lui étoit deſtinée.

Elle s'eſt miſe en marche , précédée de la
municipalité , & s'eſt placée au milieu de deux
rangs des drapeaux des ſoixante diſtricts de
Paris , & des détachemens qui en avoient la
garde.

La colonne alors a repris ſa marche pour ſe
rendre au Champ-de-Mars.

Des ſalves d'artillerie répétées ont annoncé
l'arrivée de l'armée & de l'aſſemblée nationale
au pont ſur bateaux , conſtruit en face du champ
de-Mars.

de-Mars. Au bruit des salves & aux acclamations d'un peuple immense, l'assemblée nationale a traversé le Champ-de-mars pour occuper les places qui lui étoient destinées.

Un escalier, construit en face de l'autel de
la patrie, a conduit à ces places. Elles étoient
en amphithéâtre sous une galerie adossée aux
bâtimens de l'école-militaire.

Au milieu de cette galerie , on avoit établi
une plate-forme sur laquelle étoit placé au
milieu , pour le roi , le fauteuil du trône ,
couvert de velours violet , semé de fleurs-de-
lis d'or , avec un carreau pareil.

Pour M. le président de l'Assemblée nationale,
à la même hauteur , sur la même ligne & à trois
pieds à la droite du roi , un autre fauteuil
couvert de velours bleu azur , semé aussi de
fleurs-de-lis d'or , avec un carreau semblable.

A la gauche de sa majesté , à pareille distance , sur la même hauteur , & sur la même
ligne , étoient des tabourets qui joignoient les
banquettes dressées pour les députés. Ces tabourets ont été occupés par les secrétaires & autres
membres de l'assemblée nationale, de maniere
que le roi étoit placé au milieu d'eux *tous* ,
sans aucun intermédiaire , & sous le même pavillon.

K

Derriere le préfident étoient quatre huiffiers de l'Affemblée nationale, revêtus de leurs décorations, & les quatre autres étoient en avant fur les premieres marches.

Le roi avoit feulement avec lui deux huiffiers de fa chambre avec leur maffes, placés devant avec les huiffiers de l'Affemblée, & quelques autres officiers de fa maifon, debout fur les premieres marches, ou derriere fa majefté.

Un balcon placé en arriere du roi & de l'Affemblée nationale, étoit occupé par la reine, M. le dauphin & la famille royale.

Les troupes des fédérés des départemens & les troupes de ligne fe font rangées fous les bannieres qui leur avoient été données par la municipalité de Paris.

A trois heures, lorfqu'elles ont été placées, le roi eft arrivé dans l'intérieur de l'Ecole-militaire, & s'eft placé au bruit des falves d'artillerie, des cris répétés de *Vive le roi*, & des touchans témoignages d'amour.

Les bannieres des départemens & celles des troupes de ligne ont été portées autour de l'autel de la patrie, où M. l'Evêque d'Autun, officiant, les a bénies, après avoir célébré la meffe.

Elles ont été rapportées enfuite au centre de chaque divifion des fédérés & des troupes de ligne, à qui elles étoient deftinées.

Alors M. la Fayette étant venu prendre les ordres du roi, & fa majefté lui ayant remis la formule du ferment décrété par l'Affemblée nationale pour les troupes de la fédération, il s'eft rendu à l'autel de la patrie, & a prononcé, au nom de tous les fédérés qui ont joint leurs voix à la fienne, leurs promeffes à fes promeffes, le ferment qui unit les Français entre eux & les Français à leur roi pour défendre la liberté, la conftitution & les lois, en ces termes :

» Nous jurons d'être à jamais fidèles à la nation, à la loi & au roi ;

De maintenir de tout notre pouvoir la conftitution décrétée par l'Affemblée nationale & acceptée par le roi ;

De protéger, conformément aux lois, la fûreté des perfonnes & des propriétés ;

La circulation des grains & fubfiftances dans l'intérieur du royaume ;

La perception des contributions publiques fous quelques formes qu'elles exiftent ;

De demeurer unis à tous les Français, par les liens indiffolubles de la fraternité ».

K 2

Des salves nouvelles d'artillerie & les cris répétés de *Vive le roi*, *vive la nation*, le cliquetis
des armes, les fanfares de la musique guerriere
ont annoncé ce moment, & le peuple nombreux,
témoin de l'engagement pris par les fédérés, s'est
uni à eux par ses acclamations.

M. la Fayette est remonté auprès du roi
& de M. le président ; & il a été convenu qu'on
feroit indiquer par un signal parti de l'autel de
la patrie, & qui pût être vu également des
batteries de canon & de l'Assemblée nationale,
le moment du serment qu'elle devoit prononcer.

A l'instant du signal, M. le président de l'Assemblée nationale debout, ainsi que tous le
représentans de la nation, a prononcé le serment décrété, le 4 février dernier, en ces
termes :

» Je jure d'être fidele à la nation, à la loi
& au roi, & de maintenir de tout mon pouvoir la constitution décrétée par l'Assemblée
nationale & acceptée par le roi ».

Le bruit du canon, & les mêmes acclamations ont accompagné ce second serment.

Enfin le roi s'est levé, & a prononcé debout
& à très-haute voix le serment décrété par

(149)

l'Affemblée nationale & accepté par lui, en ces
termes :

» Moi, roi des Français, je jure d'employer
tout le pouvoir qui m'eft délégué par la loi
conftitutionnelle de l'état, à maintenir la conftitution décrétée par l'Affemblée nationale &
acceptée par moi, & à faire exécuter les
lois ».

C'eft au milieu d'un filence profond & religieux que l'Affemblée nationale & le peuple
français ont reçu le ferment de leur roi.

Quand fa majefté en a eu prononcé les derniers mots, des acclamations univerfelles ont
éclaté ; les cris de *Vive le roi*, répétés d'un
bout du champ-de-Mars à l'autre, par l'Affemblée nationale, par les fédérés & par le
peuple, ont ratifié l'augufte & fainte alliance
qui venoit de fe former.

On a chanté enfuite le *Te Deum* au bruit de
la mufique & de l'artillerie ; & lorfqu'il a été
fini, le roi s'eft retiré au milieu des mêmes
acclamations qui avoient accompagné fon entrée.

L'Affemblée nationale, dans le même ordre
& au milieu du même cortége qui l'avoit accompagnée en venant, eft retournée au lieu
ordinaire de fes féances, où elle s'eft féparée.

Signé, C. F. DE BONNAY, *préfident*,

PIERRE DE DELAY, POPULUS, ROBESPIERRE, DUPONT, GARAT aîné, REGNAUD, *secrétaires* (9).

Réglement du département de police, relativement aux différentes fêtes qui doivent avoir lieu le 18 du même mois.

Du vendredi 16 juillet 1790.

Vu la proclamation de MM. les commiſſaires du paȼte fédératif, en date de ce jour, qui invite les citoyens de la capitale à témoigner, dimanche prochain, par des fêtes de différens genres, le plaiſir qu'ils ont eu de recevoir au milieu d'eux leurs freres d'armes de tous les départemens & de tous les corps militaires; le département de la police, bien convaincu par l'expérience mémorable du 14 juillet, que le moyen infailllible d'aſſurer l'ordre & la tranquillité, étoit de s'en repoſer ſur ce bon peuple, qui mérite toute la confiance de l'adminiſtration qu'il a lui-même choiſie, & qui eſt toujours ſage & circonſpeȼt lorſqu'il ſent qu'il eſt libre, a cru ne devoir prendre d'autres précautions, pour éviter tous les accidens, que celles dont il vient d'éprouver le fuccès. Le département a, en conféquence, ouï & ce requérant le procureur - fyndic, arrêté & ordonne ce qui fuit :

ARTICLE PREMIER.

Toutes les maifons feront illuminées comme le jour du 14 juillet; mais défenfes font faites à toutes perfonnes de jeter des pierres aux fenêtres des maifons dont les propriétaires ne fe feroient pas conformés à cette difpofition, ou de commettre aucune violence du même genre.

I I.

Aucune voiture ne pourra rouler ce jour-là dans les rues de Paris, & aucuns cavaliers, autres que ceux de la garde nationale, ne pourront paroître, fous les peines portées par l'ordonnance relative à la fête du 14 juillet.

I I I.

Il eft fait très-expreffes inhibitions & défenfes à toutes perfonnes, de porter des cannes qui renfermeroient des armes cachées, fous les peines portées en ladite ordonnance.

K 4

I V.

Pareilles défenses font faites, & fous les mêmes peines, à toutes perfonnes, de tirer des fufées, boîtes, petards & armes à feu.

V.

Le département invite tous les citoyens à fe fouvenir que les fêtes de la liberté ne doivent jamais avoir aucuns des caracteres de la licence.

Fait en l'hôtel de la mairie, ce 16 juillet 1790.

Signés, *Bailly*, maire; *M. L. F. Duport*, lieutenant de maire; *P. Manuel*, *Thorillon*, *le Scène des Maifons*, *Fallet*, confeillers-administrateurs. *B. C. Cahier*, procureur-fyndic-adjoint.

Depuis le 14, chaque jour a été confacré aux fêtes que l'hofpitalité & le patriotifme des habitans de Paris s'empreffent de donner aux braves freres que la fédération leur a amenés.

15 juillet & jours fuivans.

Fête de Henri IV.

Le foir des trois jours 15 , 16 & 17 qui fuivirent la confédération , le peuple fe raffembla fur la place Dauphine pour le *bouquet de Henri*. Sa ftatue étoit ornée de rubans aux trois couleurs : à fes côtés , fur le devant de la baluftrade , deux médaillons repréfentoient MM. la Fayette & Bailly , préfentant des fleurs au plus chéri des rois ; au milieu & au bas cette infcription :

> Il eut l'amour du peuple ,
> Louis feize eft fon héritier.

Le premier foir , le clergé de la paroiffe Saint-Barthelemy fut amené fur la place , où il chanta le *Te Deum* & le *Dominus exau-diat*. A cette cérémonie fuccéda ce refrein charmant :

> Vive Henri quatre ,
> Vive ce roi vaillant.

Une mufique pleine de gaiété accompagnoit les chanfons & les hymnes à fa gloire : des danfes fe font formées , & les plaifirs ont été prolongés jufqu'au jour.

18 juillet.

Ce jour a été marqué plus particulierement par différens ſpeĉtacles conſacrés aux plaiſirs des députés fédératifs.

Expérience d'un Aéroſtat.

Le dimanche 18 juillet , le Champ de la Confédération , conſacré déſormais aux fêtes nationales , étoit couvert de ſoldats qui ſe préparoient à une revue.

On avoit annoncé l'expérience d'un globe qui , paré des trois couleurs, devoit s'élever à l'inſtant de la revue , & déployer dans les airs le drapeau de la liberté. Il a paru en effet ſur la gauche , mais pour retomber auſſi-tôt : les battemens ont applaudi à ſa chûte ; & loin qu'on en tirât un mauvais préſage , il ſemble qu'on eût été fâché de le voir réuſſir ; car on eût perdu force bons- mots que l'occaſion inſpire toujours à la gaieté françaiſe. En effet , un gros balon qui retombe en voulant s'élever , reſſembloit aſſez à quelque choſe qu'il n'étoit pas difficile de deviner.

18 juillet.

Joûte fur l'eau.

Les joûtes fur l'eau , abolies à Paris depuis deux ou trois années , ont eu lieu aujourd'hui entre le pont-neuf & le pont-royal.

La troupe des lanciers s'eft raffemblée à la porte Saint-Antoine vers les trois heures de l'après-dînée , ayant arboré la livrée rouge & bleue , livrée qui , avec le coftume d'ufage , forme la réunion des couleurs devenues fi cheres à toute la France. Le nombre des athlètes fe montoit environ à trois cents , y compris les bateliers , un Janot , un Arlequin & un autre perfonnage burlefque , tel que celui qu'on voit dans nos départemens méridionaux , & fur tout à Venife , où cette lutte eft fort célèbre.

Un détachement de gardes nationaux , fuivi d'une mufique militaire , précédoit ce corps. La marche ouverte , ils ont été droit aux Thuileries , paffer fous les fenêtres du bon Louis XVI & de fa famille : *On en vaut mieux d'être regardé.* De-là ils ont été au palais-royal. Enfuite , ils ont traverfé la rue Saint-Honoré , & fe font rendus entre le pont-neuf & le pont-royal , lieu qu'ils ont choifi pour la commodité du public ; car jadis ces jeux ne fe donnoient qu'au Gros-caillou ou à la Râpée. Enfin , entre fix & fept heures , les bateliers décorés d'un pavillon tri-color, ont commencé à fe féparer , à fe cher-cher , à fe fuir , puis à s'approcher , puis à s'éviter, puis à fe joindre ; puis les affaillans des deux partis à fe mefurer de l'œil, à fe me-nacer de la voix & fur-tout de la lance , puis enfin à fe culbuter de part & d'autre fur les nymphes de la Seine , à la grande fatis-faction des fpectateurs , qui , à chaque chûte , ne ceffoient de crier en riant : Bravo, bravo ! c'eft un ariftocrate. Les vainqueurs ont été fêtés , embraffés & portés en triomphe.

Réglement pour la fête qui aura lieu fur l'emplacement de la Baftille.

Du dimanche 18 juillet 1790.

Les citoyens doivent faire attention que l'idée heureufe de donner une fête fur l'emplace-ment de la Baftille a fait paffer fur l'inconvé-nient d'un local refferré , eu égard à l'affluence qui doit s'y porter. On a compté fur l'efprit

d'ordre qui accompagne toujours la liberté.
Cette attente ne fera point déçue ; les citoyens
fe prêteront à toutes les mefures prifes pour
empêcher de dangereux engorgemens. Il feroit
honteux de donner lieu d'accufer d'imprudence
les ordonnateurs de ces divertiffemens , parce
qu'ils auroient trop préfumé de leur fageffe ;
ils fe chargeront eux-mêmes de cette partie de
la police , qui a pour objet de faire jouir ,
fucceffivement & paifiblement , du fpectacle
tous ceux qui fe préfentent pour y prendre
part. Ils n'oublieront pas qu'elle eft deftinée à
des hommes que deshonoreroit une curiofité
puérile , & par conféquent imprévoyante.

Fait à l'hôtel de la mairie , ce 18 juillet
1790.

Signé , *Bailly* , maire ; *M. L. F. Duport* ,
lieutenant-de-maire ; *P. Manuel* & *Thorillon* ,
confeillers-adminiftrateurs.

----

18 juillet.

Fête patriotique fur les ruines de la Baftille.

Sur l'emplacement de cette ancienne forte-
reffe , repréfentée par les règles de fes huit
tours , on avoit placé des arbres encore verds :-

chacun de ces arbres portoit le nom d'un département, & ils étoient entourés d'un cintrage
d'illuminations diverſement coloriées. Au milieu
de cette enceinte étoit placée une colonne auſſi
illuminée, qui figuroit poſitivement la même
élévation qu'avoit la Baſtille, & au haut de
laquelle flottoit dans les airs un étendard aux
trois couleurs de la nation, avec cette ſeule
deviſe, *liberté*. Au bas de cette colonne, un
orcheſtre nombreux faiſoit danſer une foule de
citoyens, & ſur chacune des tours, il y avoit
encore un petit orcheſtre qui ſervoit à différentes danſes particulieres.

Au-deſſus de chaque porte d'entrée ont liſoit
cette inſcription ſublime dans ſa ſimplicité :
« ICI L'ON DANSE ».

Cette inſcription formoit un contraſte frap-
pant avec les ruines de la Baſtille qu'on avoit
enterrées à côté du boſquet artificiel, & parmi
leſquelles on voyoit, avec des fers & des grilles,
le bas-relief trop fameux repréſentant des eſcla-
ves enchaînés, & qui décoroit dignement l'hor-
loge de cette redoutable fortereſſe.

Un contraſte plus intéreſſant encore ſe préſente à l'eſprit de ceux qui ſe rappellent qu'en
1744, le jour où une ivreſſe générale célébroit
la convaleſcence de Louis XV, un des priſon-

niers de la Baftille mit fur la fenêtre de fon donjon un papier éclairé par derriere d'une lampe qui laiffoit lire ces mots : *Gaudet & ipfe dolor.* On n'a point appris que ce prifonnier ait obtenu fa liberté.

Fête des Champs-élyfées.

Le plus charmant fpeßacle de cette journée du 18 étoit celui des Champs-élyfées, illuminés dans toute leur étendue ; une vafte enceinte, terminée par un cordon de lampions, formant un deffin élégant, renfermoit un peuple immenfe, chantant, danfant, mangeant, fe prómenant ou affis fur l'herbe.

Uu obélifque très-élevé & illuminé dans toute fa hauteur, deux grands mâts plantés au milieu de l'enceinte, & où des jeunes gens s'efforçoient à l'envi de grimper, offroient une variété à l'amufement du public. La beauté, la nouveauté & la tranquillité qui, fans aucune fürveillance de police, n'ont ceffé de régner au milieu d'une affluence prodigieufe de peuple, donnoient à cette fête un caraßere dont aucun autre fpectacle n'a pu donner l'idée ; c'étoit une fête vraiment digne d'un grand peuple & d'un peuple libre.

*Procès-verbal des personnes qui ont péri dans la
Seine le 18 de ce mois.*

» L'an 1790, le 19 juillet à midi, a comparu
M Joseph-Jeudi Dumontey, grenadier volon-
taire de St.-Etienne-du-Mont, qui a déclaré que
sur 14 personnes avec lesquelles il a dîné hier à
Vaugirard, chez MM. Vigier, procureur au
parlement, il s'en trouve onze faisant partie des
passagers montés sur le bateau qui a péri hier
18 vers l'abreuvoir de Chaillot; que de ces
11 personnes il s'en trouve trois manquant;
savoir la dame Péchot, veuve de M. Lapongerie,
âgée d'environ 36 ans, taille moyenne, cheveux
noirs, visage & nez longs, marquée de petite-
vérole, vêtue en mousseline blanche, chapeau
de paille, un ruban bleu, laquelle portoit une
montre à chaîne d'or, une bague à diamant
au doigt, & avoit dans sa poche un porte-feuille
de maroquin rouge appartenant audit sieur Vigier,
contenant plusieurs effets, quelques notes écrites
de la main du sieur Vigier, & particulièrement
dix mille livres en billets de la caisse d'escompte.
Plus M. de la Carriere (1), vêtu d'un habit

____

(1) On nous a assuré hier que M. de la Carriere avoit été
sauvé.

gris,

gris , natif d'Aurillac , taille d'environ 5 pieds, figure maigre , nez long. Plus encore , messieurs de Saint-Etienne , de la garde nationale d'Aurillac, & députés de la fédération : uniforme bleu, paremens & revers blancs , boutons d'argent aux armes de la ville d'Aurillac . . . .

» Obferve ledit fieur Dumontey , que parmi les perfonnes à fa connoiffance qui ont échappé à la mort, dans l'accident dont il s'agit , il en eft deux , favoir, Monfieur Hébrard , député d'Aurillac à l'Affemblée nationale , & M. de Laparra , député à la fédération , capitaine de la garde d'Aurillac , qui ont perdu leur montre & leur bourfe , & qui conjecturent qu'elles leur ont été volées. Et a ledit fieur Dumontey figné la préfente déclaration, lefdits jour & an que deffus . . . . »

Suit une lettre du comité de la fection des capucins Saint-Honoré aux adminiftrateurs de la police de Paris :

» Nous avons invité inutilement les bateliers fans ouvrage aujourd'hui, à faire des recherches dans la riviere , à l'effet de retrouver quelques perfonnes qui ont péri. Deux feulement s'en font occupés d'après notre invitation. Et cependant les murmures fe multiplient & fe font entendre un peu haut. On accufe les bateliers d'attendre la nuit afin de dépouiller les cadavres & de les rejeter enfuite dans l'eau. La valeur des effets mentionnés en la déclaration ci - jointe, nous paroît mériter la plus férieufe confidération, & nous engage à vous prier de donner des ordres, afin que les battelliers s'occupent pendant le jour de la recherche des perfonnes qui ont péri hier fur la riviere.

En conféquence de cette invitation, M. Manuel défendit de faire la nuit aucune recherche des cadavres.

Avis important du comité de la fédération.

Du vendredi 16 juillet 1790.

Meffieurs les députés de la confédération, & meffieurs les volontaires qui ont accompagné les détachemens de chacun des départemens, font avertis qu'on diftribuera des certificats en nombre fuffifant, à MM. les commandans des diverfes députations, pour être enfuite par eux délivrés à tous les députés ainfi qu'à tous les volontaires qui les ont accompagnés à la fédé-ration, & que le *jeton* ne fera diftribué qu'à meffieurs les députés feulement.

Signé CORNU, préfident du comité de la Confédération.

Avis aux députés de la fédération.

L'Affemblée nationale a décrété que le procès-verbal de la cérémonie du 15 juillet, jour de la FÉDÉRATION, feroit imprimé en affez grand nombre pour que chacun de MM. les fédérés des 83 départemens & des troupes de ligne pût en avoir un exemplaire. Le nombre d'exemplaires a été fixé à 350 pour chaque département : MM. des troupes de ligne doivent également en avoir chacun un exemplaire.

MM. les députés fédérés font invités de faire paffer à BAUDOUIN, imprimeur de L'ASSEMBLÉE NATIONALE, rue du Foin S.-Jacques, n°. 31, l'adreffe, pour chaque département, à laquelle il pourra faire remettre fûrement, à leur deftination, les exemplaires de ce procès-verbal.

On trouvera du monde tous les jours, depuis fept heures du matin jufqu'à dix heures du foir.

Affemblée des députés des gardes nationales Françaifes des départemens de la ci-devant province de Bretagne, tenue à Paris en la falle des jacobins.

Du vendredi 16 juillet 1790.

Un membre a dit, qu'il fe répandoit dans

le public, qu'un particulier s'étoit présenté chez le roi, au nom des gardes citoyennes Bretonnes, & avoit emprunté le titre de député de ces gardes citoyennes, auprès de la personne sacrée de sa majesté.

L'assemblée, justement indignée qu'un particulier ait été assez osé pour se parer d'un titre qu'il n'a jamais eu, déclare désavouer & désapprouver, comme de fait elle désapprouve & désavoue la conduite tenue en cette circonstance par le sieur PUTOD, député de la garde de Fougères, en sadite qualité de député de toutes les gardes de la ci-devant province de Bretagne.

Et jalouse de témoigner le patriotisme qui a toujours animé tous ses membres, l'assemblée a saisi avec empressement cette circonstance, pour donner des preuves des sentimens dont elle a toujours été pénétrée ; arrête en conséquence, à l'unanimité, que M. le commandant général de la garde nationale parisienne sera instamment prié de vouloir bien être, auprès du roi, l'interprète des sentimens de zèle & de fidélité de tous les membres de l'Assemblée, d'assurer sa majesté de leur amour pour sa personne sacrée, & de leur entier dévouement aux principes de la constitution décrétée par l'As-

SEMBLÉE NATIONALE, qu'ils ont juré de soutenir jusqu'à la dernière goutte de leur sang.

L'Assemblée arrête, en outre, que la présente déclaration sera rendue publique par la voie de l'impression. Ainsi, *signés*, Millet, de la Fosse, Ollivier fils, de Launay, Préciaux, Jarnier, Cottin, Guerin, Sauveur, Médat, Nogues, Kerbrezan-Cabon, Corbin aîné, de Bréal, Mabier, Laugée, Chardevel, Bouilay, Cornec, Bareau, Chantrel, A. Palafne, de la Fère, Guarin, Pradel, Areinaudeau, Bouvard, A. Jollivet, Salliard, James, Laufray, Dupuy, Henri de la Touche, le Gendre, Chapon, Allaire, le Dem, Blouet, Duval, Lafargue, Joffe, Chavit, Collas fils, Jollivet, Joseph le Cocq, Galonnais, Rihet, Montant, Paulmier, Mehcuft, Talmond aîné, Elie, Allain de Launay cadet, Plihon, Badiche, Louis Dubuiffon, Leufeig, Durand, Hardy, l'Allemand fils, Sauveur, L. Brehaut, Boulard, Kergrift, Guillaume Michal, Orfiny, Graffin, Pedron, Bonamy, &c. &c. &c.

Avis du comité de la confédération.

Du jeudi 22 juillet 1790.

Ceux de MM. les députés qui n'ont pas en-core reçu leurs *jetons* & *certificats*, font priés de fe préfenter à l'hôtel commun, aux bureaux établis, maifon du S.-Efprit, d'ici à dimanche prochain, 25 du préfent mois, jour auquel les bureaux cefferont d'être ouverts.

Signé, *Cornu*, préfident du comité ; *Bouti-bonne*, fecrétaire.

Pétition arrêtée, des députés de la Commune de Paris, pour le paête fédératif, à l'Affemblée nationale.

MM., les cent vingt députés des foixante dif-triêts de la capitale, chargés de l'exécution du paête fédératif, après avoir achevé la miffion honorable qui leur a été confiée, viennent fou-mettre à vos lumieres le vœu qu'ils ont una-nimement formé pour immortalifer l'aête au-gufte & folennel qui a fixé à jamais les devoirs & garanti le bonheur de tous les citoyens de cet empire.

Le projet heureux & vaſte de la confédération générale des Français, conçu par la commune de Paris , accueilli par vous avec empreſſement , vient enfin de ſe réaliſer ſous vos
auſpices & avec le concours d'un roi citoyen.

La France a vu dans une ſeule journée ,
dans une ſeule enceinte toute ſa famille , unie
par les douces étreintes de la fraternité, jurer
ſous la voûte du ciel , autour de l'autel de la
patrie , attachement inviolable à la conſtitution
qui eſt votre ouvrage , ſoumiſſion à la loi &
fidélité au Roi.

Ainſi s'eſt accomplie la touchante commémo-
ration de l'époque du 14 juillet , de ce jour où
24 millions d'hommes ont recouvré leurs droits
& leur liberté.

Il eſt juſte , il eſt néceſſaire que vous aſſuriez
la mémoire de cette grande journée , en éter-
niſant autant qu'il eſt en vous le monument
admirable qui a reçu dans ſon ſein les enfans
de la patrie , les premiers-nés de la liberté.

Que ce cirque immenſe , formé en trois
jours par les mains d'un peuple de freres , ſoit
conſervé pour nos neveux , & que la matiere
en ſoit, s'il ſe peut , auſſi durable que le ſouvenir de l'objet pour lequel il a été conſtruit.

Que le marbre tranſmette à nos deſcendans

l'autel majeſtueux ſur lequel le Dieu des nations a été, pour la premiere fois , invoqué au nom de la liberté & de l'égalité.

Qu'au même lieu & ſur le même ſol où le premier roi d'un peuple libre a juré de maintenir la conſtitution , & de gouverner par la loi, ſoit placée une table d'airain ſur laquelle ce ſerment gravé devienne le type impériſſable des devoirs de ſes ſucceſſeurs.

Que le Champ - de - Mars enfin ſoit dédié à notre poſtérité ſous le nom du champ de la Fédération ; que ce champ ſoit à l'avenir le lieu où nos rois feront inveſtis du pouvoir qui leur eſt délégué 'par la conſtitution , & où ils jureront de n'en jamais franchir les limites.

Telle eſt, Meſſieurs, la pétition de la ville de Paris, interprète des vœux de toute la France : il eſt digne de vous de l'adopter & de la conſacrer par vos décrets. Vous verrez tous les citoyens de toutes les parties du royaume s'empreſſer de ſouſcrire pour l'édification de ce monument de ce *palladium* auquel ſera déformais attachée la fortune publique ; & cet empreſſemen t ſera un nouvel hommage rendu à votre ſageſſe & à votre patriotiſme.

Signé, *Charron*, préſident; *Cornu, Boutibonne, Beauvais, de Préaux ,* commiſſaires & ſecrétaires,

(169)

Discours de M. la Fayette, au nom des gardes nationales du royaume, prononcé en l'assemblée des 120 députés des sections de Paris, le 23 juillet 1790 ; & réponse de M. Charron, président.

» Messieurs, c'est avec les sentimens de la plus vive reconnoissance, que nous avons reçu votre patriotique invitation. De toutes les parties de l'empire nous avons volé vers vous, pour contracter la plus sainte & la plus indissoluble alliance.

» En applaudissant à votre civisme, en partageant avec vous le bonheur de ce pacte fédératif, il nous reste un sentiment de regret, c'est de n'avoir pu partager aussi tous les dangers de vos concitoyens.

» En vain le peuple Français eût voulu rentrer dans ses droits imprescriptibles ; en vain l'Assemblée nationale auroit décrété la plus belle constitution ; sans l'établissement des gardes citoyennes, la liberté n'eût brillé un moment à nos yeux que pour aggraver nos maux.

» Les Parisiens ont donné à tout l'empire les plus héroïques exemples ; après avoir servi les premiers la révolution, il étoit digne d'eux de

concevoir & d'exécuter le projet de la fédération qui vient de nous unir ; c'eſt à votre voix,
c'eſt dans vos murs que vos freres rangés autour
de l'autel de la patrie, ont ſolemnellement conſacré leurs armes à la defenſe de la liberté, &
ont contraƈté ce paƈte national, dernier écueil
des ennemis de la cauſe publique.

» La commune de Paris, Meſſieurs, en vous
chargeant de la diſpoſition & des détails de cette
fête civique, ne pouvoit faire un meilleur
choix : permettez que votre aſſemblée, vos
différens comités, & ce *citoyen*, qui après
avoir conçu ce grand projet, en a reçu la récom-
penſe la plus flatteuſe, puiſqu'il a eu l'honneur
de vous préſider, partagent ici nos remercimens.
Nous n'oublierons jamais les témoignages d'a-
mitié que vous nous avez donnés ; & s'il étoit
poſſible que les nœuds qui nous attachent à nos
freres de Paris euſſent beſoin d'être reſſerrés,
ce ſouvenir ſeul ſuffiroit pour les rendre à jamais
indiſſolubles.

» Nous allons retrouver nos concitoyens :
nous leur dirons ce que nous avons vu, ce que
nous avons éprouvé ; ils partageront notre bonheur & nos ſentimens.

Nous ſommes, &c. Signé, *la Fayette*, préſident ; *Milanges, Lauxade, Farau, Vaque*,
ſecrétaires.

Réponse de M. Charron, président de la commune de Paris pour le pacte fédéral.

» Messieurs, les citoyens de Paris, dont nous sommes ici les représentans & les organes, reçoivent avec transport les assurances d'amitié que leur apportent leurs freres & leurs amis.

» Pourquoi vient-il se mêler des regrets à la joie pure qu'ils éprouvent ? Le même ciel les couvre, le même courage les anime, les mêmes lois les gouvernent, mais la même enceinte ne les renfermera pas toujours ! ....

» Le bonheur pour nous étoit dans votre présence ; il étoit bien doux à vos freres de vous rendre les témoins, & de vous prouver souvent toute notre reconnoissance & tout notre amour.

» Vous nous apportez des remercimens lorsque c'est à nous seuls à vous en faire ; c'est à nous, que votre présence à comblés de plaisir & d'espérances, à vous demander, en échange de la nôtre, l'amitié la plus constante ; c'est à nous à vous assurer des sentimens de concorde, de civisme & d'union que vous avez développés parmi nous, & qui doivent à jamais assurer la force publique & la félicité de cet empire.

» S'il eſt bien glorieux pour nous d'être les dépoſitaires des témoignages affeƈtueux de votre attachement, il eſt bien doux pour la commune de Paris d'en recevoir l'aſſurance par l'organe d'un défenſeur de la liberté, de ce héros des deux mondes, dont le nom retracera à la poſtérité comme aux nations qui l'admirent, & de grands talens, & de grandes vertus.

» Dans la place honorable que l'indulgence & la fraternité m'ont confiée, heureux d'être l'interprète & l'organe des ſentimens de mes collégues, de tous les citoyens de Paris, je dois vous dire, Meſſieurs, que la même ardeur, le même zèle, le même attachement nous animent tous pour vous ; que l'alliance auguſte & ſolennelle que nous venons de contraƈter, ſous l'immenſité de la voûte des cieux, à l'aſpect éternel du dieu des nations, eſt votre ouvrage ; & qu'il eſt glorieux pour nous tous d'avoir conçu à-la-fois le projet qui, exécuté, aſſure à jamais la gloire & la proſpérité de l'empire français.

» Veuillez bien, Meſſieurs, reporter à nos freres, vos concitoyens, les aſſurances de notre attachement inviolable, & la promeſſe que nous leur faiſons d'accomplir, même au péril de la vie, le ſerment que nous avons prononcé.

Départ de nos fédérés.

Paris, depuis deux jours, voit avec regret partir fes freres & fes amis. Les plus tendres adieux fignalent cette touchante féparation. Hier le bataillon de l'Oratoire a *fait la conduite* des fédérés de Lyon. Plufieurs gardes nationales des autres fections s'étoient réunis à l'Oratoire. Arrivés à quelque diftance de Paris, l'amitié, la cordialité leur a préparé un repas ! Des nappes ont été étendues fur la peloufe. On a fait un dîner qui a duré long-temps. On n'étoit pas retenu par les plaifirs de la table, mais on cherchoit toujours à éluder le moment des adieux. Ce moment eft enfin arrivé : des larmes alors ont coulé de tous les yeux ; on fe ferroit la main, on s'embraffoit ; on fe fixoit après s'être embraffé ; on s'embraffoit encore. Ce fpectacle arrachoit des pleurs aux témoins les plus infenfibles. Ce qui s'eft paffé dans cette *conduite* eft la peinture de tout ce qui a lieu dans les autres ; & cette peinture, toute fidele qu'elle eft, eft encore au-deffous de la réalité.

Décret fur l'enterrement des fils du maire d'Aurillac.

Le maire d'Aurillac, animé d'un zele patrio-tique, avoit vu avec plaifir fes deux fils aller à Paris, en qualité de députés, pour affifter à la fédération du 14 juillet : ces deux jeunes gens font du nombre des infortunés qui ont péri dimanche dernier en traverfant l'eau dans un bateau. Leurs corps ont été trouvés hier fur le territoire de Paffy, & cette municipalité veut en faire les obfeques. La municipalité de Paris defireroit leur rendre les derniers devoirs en les faifant inhumer à Saint-Jean, paroiffe de la ville ; mais pour donner un exemple de fra-ternité, elle a offert de fe rendre à Paffy pour affifter au convoi de nos braves freres d'armes.

M. Bailly, qui a fait ce récit, a demandé que l'Affemblée voulût bien y envoyer une dépu-tation. Cette motion a été agréée, & l'Affem-blée a décrété que la municipalité de Paris fe tranfporteroit en députation à Paffy ; qu'elle-même affifteroit au convoi, par fes députés, & que tous les membres qui font du département de Cantal, fe réuniroient pour en augmenter le nombre (11).

PIECES LITTÉRAIRES

RELATIVES

A LA FÉDÉRATION.

COUPLETS

Chantés par M. P I I S, au club de 1789,
fur la fédération du 14 juillet.

Air : *On doit foixante mille francs.*

Les traîtres à la nation
Craignent la fédération ;
   C'eft ce qui les défole.
Mais auffi , depuis plus d'un an,
La liberté pourfuit fon p'an :
   C'eft ce qui nous confole.

L'inftant arrive où pour jamais
Vont s'éclipfer tous leurs projets ;
   C'eft ce qui les défole.
Mais l'homme enfin va, cette fois,
Rétablir l'homme dans fes droits ;
   C'eft ce qui nous confole.

Il arrive fouvent qu'au bois
On va deux pour revenir trois ,
   Dit la chanfon frivole.
Trois ordres s'étoient affemblés,
Un fage abbé les a mêlés,
   C'eft ce qui nous confole.

M

Quelques-uns regrettent leurs rangs;
Leurs croix, leurs titres, leurs rubans;
   C'eft ce qui les défole.
Ne brillons plus, il en eft temps,
Que par les mœurs & les talens.
   C'eft ce qui nous confole.

Ce dont on fera moins de cas,
C'eft des cordons & des crachats;
   C'eft ce qui les défole.
Mais des lauriers, mais des épis,
Des feuilles de chêne ont leur prix,
   C'eft ce qui nous confole.

On en a vu **qui**, franchement,
N'ont fait qu'épeler leur ferment;
   C'eft ce qui nous défole:
Qu'on le répete à haute voix,
De bouche & de cœur à-la-fois;
   C'eft ce qui nous confole.

La loge de la liberté
S'éleve avec activité,
   Maint tyran s'en défole.
Peuple divers, mêmes leçons
Vous rendront freres & maçons,
   C'eft ce qui nous confole.

————

QUATRAIN

SUR LA FÉDÉRATION.

Au 14 juillet grand'fête à célébrer !
Mais ce beau jour paffé, le lendemain que faire ?
Que faire?.... Nous irons, fans deuil, fans frais, lever
De l'ariftocratie un extrait mortuaire.

LA PRISE DE LA BASTILLE, Ode, par M. P. Raboteau, de l'académie de belles-lettres de la Rochelle. Paris, Belin, libraire, rue Saint-Jacques.

Il y a dans cet ouvrage quelques vers & quelques mouvemens heureux ; mais cet Ode nous a paru trop inégale pour être inférée en entier. Cette fin de la ftrophe cinquieme mérite d'être diftinguée :

> Des ténébres impénétrables
> Qu'enferment ces murs effroyables,
> De l'épaiffe nuit des tombeaux ,
> Les grands ont vu couvrir leurs crimes,
> Le defpotifme fes victimes,
> Et l'humanité fes bourreaux.

LE TRIOMPHE DE LA LIBERTÉ,

CHANSON,

Sur l'air : *Du noir au blanc, du blanc au noir.*

Trop long-temps des fers odieux
Ont fait gémir la France :
En vain elle prioit les dieux
De finir sa souffrance :
La liberté songe au Français
Qui l'a si bien servie ;
Et veut, pour prix de ses bienfaits,
Secourir sa patrie.

Mais qui sera son écuyer ?
Il le faut brave & sage.
J'ai, dit-elle, mon chevalier ;
Avec lui je voyage.
En Amérique, de son bras
Je fus très-satisfaite :
Qui pourroit mieux guider mes pas
Que n'a fait la Fayette ?

Elle arrive : à l'œil enchanté
Comme elle paroît belle !
On admire, on est transporté ;
Tous les vœux sont pour elle.
Des couleurs qu'offrent ses atours
On se pare la tête :
Chacun, au péril de ses jours,
Veut fare sai conquête.

Ses regards changent en héros
    Le citoyen paisible :
Au Français qui suit ses drapeaux
    Il n'est rien d'impossible.
La déesse sous des lauriers
    En souriant contemple
Ce nouveau peuple de guerriers
    Qui lui consacre un temple.

Comme on voit sur les toîts nouveaux
    Bouquets d'heureux présage,
Marquer le succès des travaux
    Et la fin de l'ouvrage,
L'étendard de la liberté
    Du temple orne le faîte,
Et par la Fayette planté
    Il brave la tempête.

            MIRAMOND, *soldat de la garde nationale.*

QUATRAIN

SUR LA FÊTE DU 14 JUILLET.

Triomphes des Romains ! tous ces foudres de guerre
Insultoient sur un char aux malheurs de la terre.
L'orgueil, en vous fondant, les transmit jusqu'à nous :
La France en prépare un qui vous surpasse tous.

            AUGUSTIN XIMENES.

HYMNE

POUR LA FÊTE DE LA FÉDÉRATION,

PAR MARIE-JOSEPH CHÉNIER.

Le 14 juillet 1790.

Il est venu, le jour où depuis une année
Les deſtins de la France ont fini ſes revers :
Accourez, citoyens ; cette auguſte journée
    A rompu nos antiques fers.

Egayant par des chants leur active induſtrie,
Soldats, prêtres, paſteurs, femmes, enfans, vieillards
Elevoient à-la-fois l'autel de la patrie
    Au ſein de la plaine de Mars.

Des combats meurtriers les inſtrumens terribles
Par nous ont de l'état relevé les deſtins ;
Citoyens, le travail & ſes armes paiſibles
    N'ont pas moins honoré nos mains.

Offrons à l'Eternel l'hymne patriotique ;
Mêlons à nos ſermens des chants plein de fierté ;
Courons ſur ce lieu même, autrefois deſpotique,
    Où naquit notre liberté.

Gravons ſur les débris de ces tours formidables
Le récit du combat, les exploits des vainqueurs,
Les lois de notre empire & les noms reſpectables
    De nos premiers législateurs.

Que le roi des Français ait part à notre hommage :
Ne l'environnons point d'esclaves enchaînés ;
Et n'avilissons point aux pieds de son image
    Des peuples entiers prosternés.

Nous avons vu des rois chéris de la victoire ;
La justice du temps a brisé leurs autels ;
Mais le temps, toujours juste, élevera sa gloire
    Sur des fondemens immortels.

Dieu du peuple & des rois, des cités, des campagnes,
De Luther, de Calvin, des enfans d'Israël ;
Dieu que le Guèbre honore au pied de ses montagnes,
    En invoquant l'astre du ciel,

Ici sont rassemblés sous ton regard immense,
De l'empire français les fils & les soutiens,
Célébrant devant toi leur bonheur qui commence,
    Egaux à leurs yeux comme aux tiens :

D'un mortel isolé connoissant la foiblesse,
D'un mortel citoyen sentant la dignité,
Forts de leur union, sans maître & sans noblesse,
    Agrandis par l'égalité.

Nous jurons d'obéir, de donner notre vie
Au peuple souverain dont émane la loi ;
Nous jurons d'obéir à cette loi chérie ;
    Nous jurons d'obéir au roi.

Plus d'ordres différens ; plus même de province ;
La France désormais, en son immensité,
Ne voit qu'un seul empire, un seul peuple, un seul prince,
    Unis dans la même cité.

M 4

Rappelons-nous ces temps où des tyrans finiftres,
Des peuples affervis fouloient aux pieds les droits;
Ces temps fi près de nous, où d'infâmes miniftres
    Trompoient les peuples & les rois.

Des brigands féodaux les rejetons gothiques,
Alors à nos vertus oppofoient leurs aïeux;
Et, le glaive à la main, des prêtres fanatiques
    Verfoient le fang au nom des cieux.

Princes, nobles, prélats, nageoient dans l'opulence;
Le peuple gémiffoit de leurs profpérités :
Du fang des opprimés, des pleurs de l'indigence,
    Leurs palais étoient cimentés.

En de pieux cachots l'oifiveté ftupide,
Afin de plaire à Dieu déteftoit les mortels;
Des martyrs périffant par un long fuicide,
    Blafphémoient aux pieds des autels.

L'injuftice des rois, toujours fi bien fervie,
Peuploit d'infortunés un repaire odieux;
Au fond de ce tombeau condamnés à la vie,
    Ils expiroient fans voir les cieux.

Ils n'exifteront plus ces abus innombrables;
La fainte liberté les a tous effacés :
Ils n'exifteront plus ces monumens coupables;
    Son bras les a tous renverfés.

Dix ans font écoulés, nos vaiffeaux, rois de l'onde,
Pour fonder fa puiffance ont traverfé les mers;
Elle vient maintenant des bords du nouveau-monde]
    Régner fur l'antique univers.

De nos chants renommés elle aborde la rive;
Ses pas font entourés de citoyens guerriers;
Elle tient dans fes mains & le glaive & l'olive;
    Son front eft couvert de lauriers.

La mere des vertus, des talens, du génie,
La Liberté réfide au fein de nos remparts ;
Nous verrons la fageffe à l'éloquence unie,
    Les mœurs, le courage & les arts.

Nous verrons déformais, ainfi que dans Athènes,
Chez un peuple fenfible & de la gloire épris,
Socrate & Péricès, Sophocle & Démofthènes,
    Orner le fuperbe Paris.

Soleil, qui parcourant ta route accoutumée,
Donnes, ravis le jour, & regles les faifons;
Qui verfant des torrens de lumiere enflammée,
    Mûris nos fertiles moiffons;

Feu pur, œil éternel, ame & reffort du monde,
Puiffes-tu des Français admirer la fplendeur!
Puiffes-tu ne rien voir dans ta courfe féconde,
    Qui foit égal à leur grandeur!

Malheur au defpotifme ! & que l'Europe entiere,
Du fang des oppreffeurs engraiffant fes fillons,
Soit pour notre déeffe un vafte fanctuaire,
    Qui dure autant que tes rayons.

Que des fiecles trompés le long crime s'expie!
Le ciel pour être libre a fait l'humanité;
Ainfi que le tyran, l'efclave eft un impie,
    Rebelle à la divinité.

POEME SÉCULAIRE,

Ou chant pour la fédération du 14 Juillet;

PAR M. DE FONTANES.

DANS le temp'e de Mars, un peuple fier & libre
Jadis prioit les dieux de protéger le Tibre,
Quand un siecle nouveau recommençoit son cours;
Et d'un chantre immortel la lyre fortunée
              A la race d'Enée
De tout l'Olympe ému promettoit les secours.

Un nouveau siecle aussi pour les Français commence;
Déja se réunit cette famille immense
Qu'enferment sous un chef & deux monts & deux mers;
Elle va déployer sa grandeur souveraine
              Sur cette auguste plaine,
Où du monde & du ciel tous les yeux sont ouverts.

              Le voici donc ce jour dé fête,
Où vient, après un an, l'auguste liberté,
              Affermir la noble conquête
              Dont s'applaudit l'humanité!
Ce n'est plus comme au temps où son bras redouté,
Des tours de la bastille a renversé le faîte:
              Sage & paisible, elle a quitté
Ses vêtemens de mort, son glaive ensanglanté;
              De simples fleurs parent sa tête.

La déesse aujourd'hui veillant sur nos foyers,
Porte dans une main ces annales sinistres,
Où vivront à jamais les crimes des ministres;
Et de l'autre elle montre à ses nouveaux guerriers
L'urne du vieux Franklin couverte de lauriers.

Où sont nos ennemis ? où sont ceux qui conspirent
Contre la liberté, premier droit des humains ?
Qu'ils viennent dans ces lieux, qu'ils viennent, qu'ils admirent;
        Et que les discordes expirent
Au pied de cet autel élevé par nos mains !

Quels chants annonceront à la terre étonnée
La raison triomphante & l'erreur détrônée ?
Le travail affranchi d'injurieux tributs,
L'hydre des préjugés pour jamais enchaînée ;
Et l'empire vieilli par neuf siecles d'abus
        Renouvelant sa destinée ?

Qui peindra dignement ce spectacle si beau ?
        Tous les enfans de la patrie
S'embrassant à la fois sous le même drapeau ;
Le vieillard bénissant, d'une voix attendrie,
L'heureux jour du moins qui brille sur son tombeau ;
Le jeune homme, l'enfant déja fier de ses armes,
        Jurant de mourir pour les lois ;
L'alégresse brillant dans les yeux pleins de larmes,
Et ce triple serment, le soutien de nos droits,
De tous les cœurs émus s'échappant à la fois ?

Voyez, braves guerriers, ces femmes embellies
        De la gloire de leurs époux,

Prêter à vos tranfports un charme encor plus doux,
    Et vos meres enorgueillies
    Dont l'œil eft attaché fur vous!

Chantons, & qu'à nos chants tous les peuples répondent :
L'univers applaudit, & les cieux nous fecondent.
Souvent Dieu repouffa de fon trône outragé
Cet encens criminel offert pār la victoire :
Mais ce nouveau triomphe eft par lui protégé ;
La voix de l'homme libre eft un hymne à fa gloire.

O peuple magnanime, imite en tout les cieux !
Pardonne, & fouviens-toi des complots homicides
Où la ligue autrefois entraîna tes aïeux :
Tremble de t'égarer fous d'infideles guides,
    Redoute un zele factieux :
Français, oublions tous notre injure commune !
Plus de cris infultans, plus d'aveugle fureur :
Forts de notre union, faifons grace à l'erreur,
    Et n'outrageons pas l'infortune.

Alors nous règnerons à l'abri des revers :
    La Seine, en courant vers les mers,
Contera que nos mains ont affranchi fes ondes ;
Et le vafte océan, lien de l'univers,
Fera paffer bientôt notre exemple aux deux mondes.

Chantons, & que l'airain, fans répandre l'effroi,
Gronde, & fe répétant dans nos cités guerrieres,
    Proclame jufqu'à nos frontieres
    La majefté d'un peuple-roi.

Ce bruit, fur la rive prochaine,
D'échos en échos répété,
Va fe prolonger dans la plaine
Jufqu'à Verfaille épouvanté.
Le fombre defpotifme erre encor dans Verfailles;
Et tremblant, inquiet, le front noirci de deuil,
Cherche toujours fon trône en ces triftes murailles
Que jadis éleva l'efclavage & l'orgueil.

Il entend ces cris d'alégreffe,
Il s'indigne, & pour un moment
Se diffimule fa foibleffe,
Et contre un peuple libre accourt en blafphêmant.
Il voit le peuple qui le brave
Couvert de fes mille étendards;
Et c'eft en vain que fes regards
Dans ces lieux cherchent un efclave.
Des nobles & des grands il perdit le foutien;
Son œil, avec fureur, trouve un roi citoyen.
Alors au fanatifme il demande vengeance,
Et veut renouveler leur antique alliance.
Mais les temps font changés; tout fon effort eft vain,
Et fon fceptre de fer fe brife dans fa main.
Il fuccombe, il rugit : par un dernier outrage
Il infulte le peuple, & le monarque, & Dieu;
Fuit, & court fe cacher, en frémiffant de rage,
Dans le tombeau de Richelieu.

Le monftre a difparu : c'en eft fait; fon abfence
Des chants ranime la beauté,
Du fol qu'il épuifoit double la bienfaifance;

Fait fourire la pauvreté ,
Confole la foible innocence ,
Donne aux arts plus de majefté ,
Rend fes droits à l'homme qui penfe,
Et maintient notre égalité.
La douce paix eft ramenée ;
Sous la loi d'un chafte hyménée,
L'enfant croît pour la liberté ;
Nos cités, nos ports s'agrandiffent,
Et tous les fiécles applaudiffent
A ce beau jour que j'ai chanté.

LA PRISE DE LA BASTILLE,

HIÉRODRAME

TIRÉ DES LIVRES SAINTS,

Suivi du cantique, en actions de graces,

TE DEUM LAUDAMUS.

Par M. Desaugiers.

(L'ouverture exprime la tranquillité publique ; elle est troublée par un citoyen qui vient annoncer au peuple l'exil d'un ministre qui avoit sa confiance.)

Un Citoyen.

Populi lugete......	Peuples, gémissez,
& gaudium vestrum convertatur in mærorem,	& que votre joie se change en tristesse.
Jac. 4. 9.	

Le Peuple.

Quare ?	Pourquoi ?

Le Citoyen.

Protector noster abest.	Notre protecteur est éloigné.

CHŒUR DU PEUPLE.

Malheureux que nous sommes !	*Heu nobis, miseris !* Psal. 119. 5.

(Le tocsin se fait entendre.)

Dieu !	*Deus !*

LES FEMMES.

Jetez un œil compatissant sur nous & sur nos enfans.	*Respice super nos & super filios nostros.* Psal. 113. 13.

TOUS ENSEMBLE.

O Dieu ! secourez-nous.	*O Deus ! adjuva nos.* Psf. 78. 9.

LE CITOYEN.

Reprenez courage & combattez , car vous êtes appelés à la liberté. Nos ennemis ont tiré le glaive pour détruire le foible & l'indigent : que leur glaive entre	*Confortamini & bellate.* 1 Reg. 4. 9. *Vos enim ad libertatem vocati estis.* Gal. 5. 3. *Gladium evaginaverunt inimici.... ut dejiciant pauperem & inopem... Gladius eorum intret*

intret in corda ipsorum.   dans leur propre cœur.
Pf. 36. 14. 15.

CHŒUR EN CORYPHÉE.

LE CITOYEN.

Apprehendite arma.   Prenez les armes,
Pf. 34. 2. *accingite gla-*   armons-nous du glaive,
dium. Pf. 44. 4. *& debel-*   & combattons les puif-
lemus potentes.   fans.

LE CHŒUR *d'abord fourdement.*

Apprehendamus ar-   Prenons les armes,
ma , accingamus gla-   armons-nous du glaive,
dium , & debellemus   & combattons les puif-
potentes.   fans.

LE CITOYEN ET LE CHŒUR.

Erubefcant & contur-   Que nos ennemis rou-
bentur.... inimici noftri.   giffent & qu'ils foient
Pf. 6. 11. *& fugiant ,*   diffipés. Qu'ils fuient
& pereant. Pf. 67. 1, 2.   & qu'ils périffent.

CHŒUR DES FEMMES, *pendant le chœur précédent.*

O Deus! adjuva nos.   O Dieu ! fecourez-
Pf. 78. 9.   nous,

LE CITOYEN ET LE CHŒUR.

Oui, Dieu viendra à notre secours.

Deus, adjuvabit nos.

LE CITOYEN.

Le Seigneur rejette les conseils des princes. Courons & détruisons cette odieuse forteresse. Dieu combattra pour nous. Marchons.

Dominus.... reprobat concilia principum. Pf. 32. 10. *Curramus & eruamus arcem invisam. Deus pugnabit pro nobis* Isaiæ, 51. 22. *Vadamus.*

(Marche militaire. Le peuple est arrivé aux pieds de la forteresse : le canon commence à tirer sur lui. On bat la charge. Les coups de canon redoublent. Pendant le siége le peuple s'écrie :)

CHŒUR.

Qu'il s'écroule l'asyle de l'esclavage. Que ses portes soient brisées.

Corruat ædes servitutis. Portæ ejus corruant. Jer. 14. 2.

(Une explosion totale de l'orchestre exprime la chûte du pont-levis. Le peuple s'écrie :)

CHŒUR.

Victoire ! victoire !

Triumphamus !

(La trompette guerriere se fait entendre, ainsi que les
plaintes des mourans & des blessés:)

C H Œ U R   G É N É R A L.

Vivat lex & libertas.　　Vive le roi & la li-
Vivat rex. 3 rex. 1. 25.　berté. Vive le roi.

L E   C I T O Y E N.

Expulsi sunt (inimici)　Nos ennemis sont
nec potuerunt stare. Pf.　fugitifs, ils n'ont pu
35. 13. *Et erunt oppro-*　nous résister, & ils se-
brium in gentibus. Ju-　ront en opprobre parmi
dith, 4. 10.　　　　　　les nations.
　Populi, laudate Deum.　Peuples, louez Dieu.
Pfal. 116. 1.

L E   C H Œ U R.

Te Deum laudamus,　　O Dieu, nous te
&c.　　　　　　　　louons, &c.

TRADUCTION LIBRE

Des Vers chantés à Hambourg, pour célébrer le jour de la Fédération française.

I.

Germains libres, chantons l'heure fortunée où nos freres en France briserent les fers de l'esclavage ; unissons nos vœux aux leurs ; que nos cœurs soient des autels en l'honneur de la liberté.

Chantons les superbes exploits de la liberté reconquise ; célébrons-la avec des cœurs purs & dignes d'elle.

2.

Vingt millions d'hommes célebrent aujourd'hui la fête de la liberté. Tremblez, tyrans, frémissez, fiers despotes de la terre ; les bons citoyens font seuls digne d'atteindre aux plus hautes vertus.

Chantons, &c.

3.

Sans doute le sang & quelques larmes coulerent dans les luttes pour la liberté ; mais le fang & les larmes verſés pour elle ſont des couronnes pour l'immortalité , & les ſources du bonheur comme de l'éternelle reconnoiſſance de vos arrières-neveux.

Chantons , &c.

5.

Elevez vos regards ; contemplez la terre atten- tive à vos ſuccès : la rendre heureuſe , libre & meilleure étoit le but de vos nobles travaux ; la divinité même daigne ſourire à ces ſublimes deſſeins ; que nos cantiques célebrent ſa bonté.

Chantons , &c.

6.

Portons-lui l'hommage de notre reconnoiſ- ſance dans l'exercice de nos devoirs : la vertu éleve la liberté ; la liberté donne la force à la vertu, non la naiſſance ; mais la ſeule vertu honorera déſormais les mortels ; ſans la dignité de l'ame nous porterons toujours les fers de l'eſclavage.

Chantons les ſuperbes exploits de la liberté reconquiſe ; célébrons-la avec des cœurs purs & dignes d'elle.

N 3

PIECES DE THÉATRE

RELATIVES A LA FÉDÉRATION ;

Le Dîner des Patriotes, comédie, donnée le 12 juillet au théâtre du Palais-royal.

On a donné lundi dernier, au théâtre du Palais-royal, une petite piece intitulée : *Le Dîner des Patriotes.* Un duc fugitif venant à Paris, son intendant a fait préparer un repas patriotique, auquel assistent des hommes de différens états. Le duc trouve d'abord ce repas étrange ; mais il a de la raison & de la sensibilité : *Il prend son cœur pour guide & son roi pour exemple ;* il s'unit au festin. Sa femme, un abbé, un financier font plus difficiles à convertir ; mais ils cedent à la nécessité & prennent part à la fête. Nous ne jugerons pas sévérement cette bagatelle, que les circonstances & quelques détails heureux ont fait applaudir. Cette piece est de M. Ronfin ; elle est terminée par un ballet, dans lequel un abbé danse l'allemande avec une religieuse.

On avoit donné la surveille un autre piece nouvelle, intitulée : *La double Intrigue.* Il seroit trop long d'en indiquer le plan. Il suffit de dire que cette nouvelle production, de M. Dumaniant, est fort gaie & fort jolie, & jouée avec beaucoup de noblesse & de sensibilité par Mlle Candeille : la gaîté & le naturel de MM. Michau & Beaulieu ont fait grand plaisir.

COUPLETS

Chantés à la suite du Dîner des Patriotes.

Air : *Du Vaudeville de Figaro.*

LA CITOYENNE.

Oui, c'est aujourd'ui la fête
De tous les braves Français:
Que chacun de nous s'apprête
A célébrer leurs succès.
De lauriers ceignons leur tête,
Et chantons: Vive la loi,
La nation & le roi.

LE POETE.

Quel noble & touchant spectacle
Présente un peuple d'amis!
O France! il n'est plus d'obstacle
Au bonheur qui t'est promis.
Ton triomphe est un miracle,
Et tes plus fiers ennemis
A la loi sont tous soumis.

LE GRENADIER.

Sur l'autel de la patrie,
A l'ombre des étendards
Que la liberté chérie

Fait flotter sur nos remparts,
L'armée entiere s'écrie,
Avec le peuple & le roi:
Vaincre ou mourir pour la loi.

LE GASCON.

Si par les grands sacrifices
Qu'impose la nation,
L'abbé perd ses bénéfices,
Le flatteur sa pension,
Et le juge ses épices;
Est-ce un grand mal que cela?
Non; le peuple gagnera.

LE PARLEMENTAIRE.

Comme tout change de face!
Jadis d'un homme de rien,
Beaucoup d'argent & d'audace
Faisoient un homme de bien;
Aujourd'hui, pour être en place,
On exige, au lieu d'écus,
Des talens & des vertus.

LA DUCHESSE:

Ma foi, ce n'est plus la peine
D'être de bonne maison,
Si la loi trop inhumaine
Nous interdit le blason,
Et s'il faut que l'on promene
La femme d'un grand seigneur
Sans eiduque & sans coureur.

LE FINANCIER.

Quoique né dans la roture ,
J'allois vivre avec éclat ,
Et pour ma progéniture
Acheter un marquisat.
Mais pour mon fils quelle injure !
Qui veut , malgré tout son bien ,
Qu'il ne soit qu'un citoyen.

L'ABBÉ.

Lorsqu'avec le don de plaire
Un abbé venoit en cour :
Etre évêque étoit l'affaire
De l'intrigue ou de l'amour.
Mais s'il faut être vicaire
Avant que d'être prélat ,
Je renonce à mon état.

DORVAL.

Si le riche , dans sa terre ,
Veut goûter quelque repos ,
Lui qui ne s'attendoit guère
Qu'un jour nous serions égaux ,
Il faudra qu'il traite en frère
Ceux qu'il nomme ses vassaux ,
Et paye aussi les impôts.

MARINE (*à Dorval*).

Chez les gens de haut parage ,
S'il n'est plus d'état pour moi ,

Que l'hymen me dédommage
De ce que m'ôte la loi :
Et pour qu'une loi si sage
Ne manque pas de soutiens,
Nous ferons des citoyens.

LE MOINE.

Si vous voulez que j'oublie
La cuisine du couvent,
En si bonne compagnie
Faites-moi dîner souvent ;
Car à cette comédie
Si vous ne revenez point,
Je perdrai mon embonpoint.

Le Journaliste des Ombres, comédie, donnée le 14 juillet au théâtre Français.

On a donné avant-hier, au théâtre de la Nation, la premiere représentation *du Journaliste des ombres,* ou *Momus aux Champs-élysées,* dont voici le sujet. Momus, exilé de l'Olympe pour quelques bons-mots, après avoir parcouru l'Europe & fui le bruit des armes & les troubles civils, se réfugie aux Champs-élysées, & pour égayer un peu son séjour, se fait journaliste des ombres ; ce qui lui donne lieu de plaisanter un peu ses confreres, & de tomber sur l'ami du peuple. Quant aux folliculaires (un dieu peut ne pas ménager l'expreſſion) il ſe montre plus prudent que malin ; car, en ne parlant ainſi que des mauvais , il laiſſe à tous le droit de ſe mettre au rang des bons. Paroiſ-ſent ſucceſſivement Rhadamante , le maréchal Fabert, Rouſſeau & Voltaire, qui tous deux ont bien changé de caractere, car ils ſe prodiguent un encens plus fort que délicat; le Kain, la célebre le Couvreur, l'abbé de Saint - Pierre, Calas, ſa femme & ſa fille, le duc de Brunſ-wick, qui ſe noya dans l'Oder en voulant ſecourir deux malheureux : tous ces perſonna-ges, amenés ſans beaucoup d'art, s'entretiennent avec tranſport des décrets de l'Aſſemblée na-tionale, & célebrent la conquête de la liberté. Momus, pour leur donner une idée de ce qui ſe paſſe ſur la terre, met ſous leurs yeux l'autel de la fédération ; Jeanne d'Arc chante un air à l'honneur des Français, & termine la piece.

L'objet de cet ouvrage invite à l'indulgence, auſſi a-t-il été applaudi. Nous ne nous montre-rons pas plus ſéveres, quoique, du côté de l'art & du ſtyle, nous ayons bien de quoi l'être. Nous nous contenterons d'obſerver à l'auteur qu'il n'a pas aſſez médité ce vers plein de ſens :

Le ſecret d'ennuyer eſt celui de tout dire.

Le rôle de *Momus* a été fort bien joué par M. Sainval. Les autres rôles ont été rendus : par M. Dorival, *Fabert* ; M. Molé, *Voltaire* ; M. Talma, *Rousseau* ; M. Saint-Prix, *le Kain* ; Mlle Desgarcins, *le Couvreur* ; M. Deseffarts, *l'abbé de Saint-Pierre* ; M. Naudet, *Calas* ; Mde Suin, *sa femme* ; Mlle Lange, *sa fille* ; & Mlle Vienne, *Jeanne d'Arc*, qui a chanté avec goût l'air dont nous avons parlé.

L'auteur a été demandé. M. Deseffarts est venu annoncer que c'étoit M. Aude.

La Famille Patriote, comédie donnée le 16 *juillet au théâtre de Monsieur.*

Vendredi 16, on a donné au théâtre de Monsieur, *la Famille Patriote ou la Fédération*. Gaspard, riche négociant, veut donner sa fille Honorine à un jeune artiste, nommé *Eugene*, & cela malgré l'opposition du frere de sa femme, financiere noble de nouvelle édition. Toute sa famille partage les mêmes sentimens. Son frere, prieur prémontré, loin de regretter des bénéfices dont il a toujours appliqué le revenu à sa véritable destination, s'est consacré à l'éducation de son neveu Victor, qui, en reconnoissance, lui apprend l'exercice. Gaspard choisit pour le jour de la noce le 14 juillet, & pour témoins les députés qu'il loge chez lui. Après le mariage, la famille se rend au Champ-de-Mars pour la fédération. En son absence le financier arrive, & tantôt avec Mariette, femme-de-chambre d'Honorine, tantôt seul, tantôt avec son valet qui veut le quitter à cause de ses sentimens, exhale son dépit aristocratique. Casimir, domestique de Gaspard, revient transporté de ce qu'il a vu. Son récit très-animé commence la conversion du financier, que le prieur acheve bientôt. On annonce que les ouvriers de la manufacture de Gaspard ont préparé une fête relative au mariage & à la fédération. Eugene a présidé à ces préparatifs, & dans le milieu du jardin s'éleve la statue de la liberté. Toute la maison s'y rend en dansant. Victor paroît avec sa petite troupe, & lui fait jurer de maintenir la constitution. La fête se termine par des couplets sur cet air dont le refrain populaire a fait tant de fortune, parce qu'il est l'expression d'un sentiment profond de courage & d'espérance, & qui vaut bien le *Montjoie-Saint-Denis* des anciens Français.

Cette piece est remplie de gaîté, de patriotisme, d'excellens principes & de traits heureux; aussi a-t-elle été vivement applaudie. L'intrigue est simple, mais raisonnable, les entrées & sorties motivées, & le dialogue plein de naturel. Quelques traits légers & faciles à effacer ne répondent pas au bon goût du reste, & nous invitons l'auteur à les retrancher. Mais en général l'ouvrage eſt agréable, digne du ſuffrage des bons Français & des gens de goût, & ſera ſûrement diſtinguée de la foule des pièces de circonſtance que la fédération a fait ou fera naître. On a demandé l'auteur; il a paru &, a reçu beaucoup d'applaudiſſemens, & cette fois c'étoit moins un effet de cet uſage indécent & ridicule qui s'eſt introduit dans nos ſpeĉtacles, que celui d'un juſte enthouſiaſme; car après avoir appris le nom de l'auteur, qui eſt M. Collot d'Herbois, connu déja par pluſieurs ſuccès dramatiques, les ſpeĉtateurs ont redemandé la pièce pour le lendemain.

Les couplets étoient ſur l'air dont nous avons déja parlé. Ils ont paru bien faits, ſur-tout celui d'un vieux député des troupes de ligne, qui a été redemandé, & les ſpeĉtateurs ont fait chorus.

Les aĉteurs ont joué avec beaucoup de chaleur & d'intérêt; mais on a diſtingué ſur-tout M. Paillardelle dans le rôle du *Négociant*, M.ᵉ Peliſſier dans celui de *Caſimir*, Mlle Dumont dans celui de *Viĉtor*, & M..... dans celui de *Financier*.

NOTES.

(1) L'IDÉE du pacte fédératif général a été inspirée par le bon effet qu'ont produit les pactes particuliers. Celui des citoyens de la Bretagne & de l'Anjou réunis à Pontivy, est principalement cé'ebre. Ils exprimerent le vœu d'une confédération générale dans leur procès-verbal. Cette idée fut encore animée par le discours véhément des députés de la garde nationale d'Arras à la barre de l'Assemblée nationale.

(2) Comme il avoit été décidé que chaque district défraieroit ses envoyés, M. la Bletterie écrivit aux auteurs de la Chronique la lettre suivante.

MESSIEURS;

De l'argent, de l'argent & toujours de l'argent : le patriotisme ne doit-il pas être compté pour quelque chose dans la fête civique du 14 juillet, dans une fête qui *sera le coup de grace de l'aristocratie?*

Les provinces sont surchargées. On va encore, à l'occasion du pacte fédératif, les grever d'un impôt de p'usieurs millions, pour défrayer les députés des gardes nationales du royaume.

Pourquoi cette dépense, tandis qu'il est si aisé de célébrer l'anniverfaire de notre liberté, fans qu'il en coûte rien au tréfor public ? J'avance, fans crainte d'être démenti, qu'il n'eft pas un feul département, un feul diftrict où l'on ne trouve un nombre p'us que fuffifant de patriotes pour fe rendre, à leurs frais, dans la capitale.

J'invite donc les provinces à profiter du patriotifme de ceux de leurs habitans à qui leurs occupations & leurs fortunes permettront de fe trouver à Paris dans la fuperbe journée du 14 juillet.

L'exemple des officiers municipaux doit prouver que l'efprit public fe propage en France. Ces officiers doivent avoir des appointemens, ils n'en ont pas ; le concours des patriotes pour remplir ces poftes d'honneur n'en eft pas moins nombreux. Les municipalités ne font pas moins bien adminiftrées, & des fommes énormes font épargnées à la France. LA BLETTERIE.

Réponfe de M. POISSENET à M. DE LA BLETTERIE.

Des riches, des riches, & toujours des riches : le patriotifme non fortuné & les vertus feront-ils donc exclus de la fête qui commencera la 2ᵉ. année de la liberté françaife ?

Les provinces font furchargées, dites-vous ; fi elles le font, quel eft donc le fort de Paris qui a fouffert de la révolution beaucoup plus encore ? Pourquoi voyez-vous fous des couleurs noires les dépenfes qu'elles feront à l'occafion de cette fête ? Pourquoi les regardez-vous comme

imposées

imputées, quand elles font libres d'en faire plus ou moins?
& comment n'avez-vous pas vu que ces dépenfes font
un moyen de circulation qui doit refluer par tout l'empire, & fur-tout vers Paris votre féjour?

Il n'y auroit, d'après votre maniere de voir, que des
patriotes riches, ou au moins aifés, qui jouiroient de l'honneur & du plaifir de la fédération, & vous invitez les
provinces *à profiter de leur patriotifme.* C'eft de leurs *ri-
chesses* que vous avez voulu dire.

Ignorez-vous donc, monfieur, qu'un très-grand nombre de Parifiens ont déja fait leur foumiffion pour loger,
chacun fuivant fes facultés, un ou plufieurs de nos' freres qui doivent venir à la fédération. Puiffe cet exemple être fuivi par tous ceux qui le peuvent! quant à
moi, je me fais une très-grande fête de loger un cama-
rade des troupes de ligne.

Poissenet, grenadier de Saint-Opportune.

---

(3) Lettre de remerciment

Sur l'admiffion de la marire marchande.

A l'époque mémorable où les peuples s'agitent pour obtenir le titre glorieux de Français, & jouir du bonheur
attaché déformais à ce nom; où tous ceux qui s'honoren
de le porter fe réuniffent de toutes les extrémités de l'empire, pour célébrer la fête de la liberté; l'Affemblée nationale a cru qu'il étoit de fa juftice de ne pas priver la
marine marchande du droit fi précieux pour fon patrio-

O

tifme de concourir à cette fainte folennité, malgré l'op-
pofition qu'on y avoit faite.

O vous, pères de la patrie! vous dont l'univers entier
contemple avec admiration les travaux fublimes, comment a-t-on pu vous propofer de prononcer cette acca-
blante diftinction entre les enfans d'une même famille? Si
le patriotifme le plus pur, fi le zèle le plus ardent, le
plus défintéreffé pour le fervice & pour la défenfe de la
patrie donnent le droit d'affifter à cette cérémonie augufte, qui plus que nous en étoit digne?

Cependant nous euffions reçu en filence cette exclu-
fion douloureufe; oui notre foumiffion eût égalé les tranfports de reconnoiffance & d'alégreffe dont nos cœurs font
pénétrés, & dont nous vous fupplions de recevoir les
refpectueux hommages.

Toujours foumis, toujours prêts à exécuter vos décrets,
nous avons élu, prefqu'à l'unanimité, M. Pierre Blancard,
capitaine de navire & citoyen de cette ville, pour être
notre député à la fédération nationale. C'eft par fon organe que nous allons renouveler, devant le dieu du ciel
& des mers, ce dieu dont la fageffe infinie préfide à vos
délibérations, le ferment que nous avons déja fait d'être
à jamais fideles aux décrets fanctionnés ou acceptés par le
roi; nous jurerons encore que nous fommes prêts à faire
le facrifice de nos vies pour la défenfe de la patrie &
d'une conftitution qui doit faire votre gloire & notre félicité. *Les prieurs & fyndics du luminaire de Saint-Elme.*

(4) *Lettre aux auteurs de la Chronique, fur les pompiers.*

MESSIEURS,

. Ami chaud & zélé de la conftitution, j'ai vu avec le plus vif intérêt la convocation de tous les corps militaires pour la fête mémorable de la confédération le 14 juillet prochain : nos fages & refpectables législateurs en ont, ce me femble, oublié un qui a rendu à la patrie & au roi les fervices les plus fignalés, dont le zele eft toujours nouveau, & dont le feul mobile eft de fe vouer pour le fecours de tous. Ce corps eft celui des pompiers de cette ville, dont perfonne n'ignore l'utilité, & qui a fu s'attirer l'approbation & la reconnoiffance de chacun, par la prudence, le talent & la fageffe avec lefquels il s'eft toujours conduit.

Un de vos abonnés,
caporal de la 5ᵉ. divifion du 2ᵉ. bataillon.

(5) *Lettre de M. GOUY, député à l'Assemblée nationale, à M. MANUEL, adminiflrateur.*

Paris, 15 juin 1798.

La belle image, que nous préfente, dans votre lettre, monfieur, *une armée qui ne fera qu'une famille*, doit fe graver fans efforts dans tous les cœurs citoyens, & je penfe, comme vous, que les habitans de la capitale fe difputeront le plaifir de loger leurs freres.

O 2

Si l'on réfléchit que dans une ville aussi peuplée que Paris, 500 citoyens seulement qui se chargeroient chacun de 20 défenseurs de la constitution, pourroient à eux seuls avoir le bonheur de recevoir les députés de tout le peuple français, on se portera sans doute avec un grand empressement à l'hôtel de la mairie, si l'on veut être du nombre de ces hôtes heureux.

Il n'y a pas long-temps encore que *l'exemption du logément des gens de guerre* étoit recherchée comme honorable·

Aujourd'hui les idées sont changées comme les choses ; & depuis que tous les citoyens sont devenus soldats, & que tous les soldats sont devenus citoyens, l'hospitalité civique va devenir aussi la plus douce de nos jouissances.

Sous ce rapport, monsieur, je brigue l'avantage d'offrir asyle chez moi à *vingt* de mes camarades. Je demande seulement à loger, de préférence, les députés des gardes nationales de *Fontainebleau*, de *Moret*, de *Marines*, & de *Ville-Neuve-la-Guyard*, que j'ai l'honneur de commander, ainsi que ceux de la ville d'*Auxerre*. Je dois à ces derniers ce foible tribu de reconnoissance pour les marques de bonté que j'en ai reçues, il y a quelques jours, lors de la confédération de toutes les gardes citoyennes du département de *l'Yonne*, qu'ils ont provoquée avec un patriotisme dont on ne peut avoir été le témoin sans s'en montrer l'admirateur.

De Gouy , *député à l'Assemblée nationale.*

AUTRE.

Je vous prie d'insérer dans votre journal, le désir

que j'ai d'être de quelque utilité à mes freres d'armes, même à ceux des régimens de ligne : j'offre donc de loger fix cavaliers, ou dragons, ou huffards, ou chaffeurs, comme on le jugera convenable : je leur offre gratuitement une belle écurie qui peut tenir dix-huit chevaux. Il n'y aura que les leurs ; je leur offre une cuifine, une falle baffe, une chambre haute, deux greniers ; j'engage quelques tapiffiers patriotes à fe joindre à moi pour fournir fix lits de fangle, fix matelas, fix couvertes ; je fournirai des draps. Si les foldats veulent faire leur cuifine, je leur donnerai les uftenfiles néceffaires. On peut difpofer du tout dès-à-préfent jufqu'au premier août. Trop heureux de pouvoir prouver que mon grand defir eft d'être de quelque utilité à ma patrie, qui ne peut avoir de plus zélé défenfeur !

CHRISTOPHE, foldat-citoyen du bataillon des Jacobins-Saint-Honoré, compagnie de Givry, rue de Clichy, près la nouvelle barriere.

P. S. J'obferve que je peux loger douze chevaux, mais que je n'ai place que pour fix cavaliers.

AUTRE.

Defirant contribuer, autant que mes petites facultés me le permettent, aux dépenfes que la ville eft fur le point de faire pour la cérémonie du 14 juillet, je defirerois favoir fi l'offre d'une douzaine de jambons de Bayonne pour l'ambigu froid qui doit avoir lieu à cette fête, n'eſt pas déplacée de mà part. La chambre au premier étage que j'ai déjà propoſée pour un des députés des dé-partemens, eſt toute prête à le recevoir.

VIGNER, *marchand épicier, rue de Bussy.*

AUTRE.

Beaucoup d'autres citoyens ſe ſont fait inſcrire poúr cette œuvre hoſpitaliere : on doit ſur-tout diſtinguer entre tous M. Michel Pelletier & M. Caron (Beau-marchais), qui ont logé un très-grand nombre de dépu-tés ; mais tous les citoyens n'ont pas montré le même zèle. ainſi que le prouve le fait ſuivant, inſéré dans l'Ob-ſervateur, tome 2, n°. 3.

» M. la Billardrie (d'Angiviller) vient encore de faire des ſiennes : il s'étoit offert à loger trois députés à la con-fédération ; quand ils ont été chez lui, il leur a fait.dire qu'il n'avoit pas de place, mais qu'il venoit de faire re-tenir des lits pour eux dans un hôtel garni de la rue de l'Arbre-ſec, & qu'il s'étoit engagé envers l'hôte à payer leur logement & leur nourriture. Les trois députés ont fait prier M. la Billardrie d'aller ......, diſant qu'ils n'a-voient pas beſoin dé lui pour une auberge, & ils ſont venus me demander à dîner. On aura peine à croire qu'un homme de cour qui doit être poli, qu'un directeur d'a-cadémie qui doit avoir au moins le ſens commun, que M. la Billardrie enfin, ait été capable d'une pareille groſſiéreté, d'une pareille bêtiſe. Le fait n'en eſt pas moins certain : l'un des trois députés eſt mon neveu.

(6) L'empreſſement & le zele qui animent les milices nationales, ont ſurmonté tous les obſtacles; les élections ont été faites très-rapidement, & aucune députation n'a manqué de ſe rendre à cette députation patriotique.

(7) *Réponſe de M. le préſident aux députations des différens pays étrangers.*

» MESSIEURS,

Vous venez prouver aujourd'hui à l'univers entier que les progrès que fait une nation dans la philoſophie & dans la connoiſſance des droits de l'homme, appartiennent également à toutes les autres nations. Il eſt dans les faſtes du monde des époques qui influent ſur toutes les parties du globe; & la France oſe aujourd'hui ſe flatter que l'exemple qu'elle vient de donner ſera ſuivi par les peuples qui, ſachant apprécier la liberté, apprendront aux monarques que leur véritable grandeur conſiſte à commander à des hommes libres, & à faire exécuter les lois; & qu'ils ne peuvent être heureux qu'en faiſant le bonheur de ceux qui les ont choiſis pour les gouverner.

Oui, meſſieurs, la France s'honorera en vous admettant à la fête civique dont l'Aſſemblée nationale vient d'ordonner les préparatifs; mais, pour prix de ce bienfait, elle ſe croit en droit d'exiger de vous un témoignage éclatant de reconnoiſſance.

O 4

Après l'augufte cérémonie, retournez dans les lieux qui vous ont vu naître ; dites à vos monarques, dites à vos adminiftrateurs, quelques noms qu'ils puiffent porter, que s'ils font jaloux de faire paffer leur mémoire à la poftérité la plus reculée, dites-leur qu'ils n'ont qu'à fuivre l'exemple de Louis XVI, le reftaurateur de la liberté françaife.

L'Affemblée nationale vous invite à affifter à fa féance,»

———

(8) *Lettre de M. RÉAL aux auteurs de la Chronique de Paris, fur le* Te Deum.

MESSIEURS,

Le 14 juillet approche. Ce jour, l'Eternel arrêtera fes regards fur la France. Devant lui, à la même heure, 24 millions d'hommes libres ! Dieu puiffant, tu reconnoîtras ton image, tu ne te repentiras plus d'avoir fait l'homme.

Je fais qu'au moment du ferment le canon ronflera ; les drapeaux de la liberté s'éleveront ; une forêt de piques, de fabres, de baïonnettes s'agiteront ; je fais bien, moi, que je verferai des larmes en preffant mon fufil ; mais à l'Eternel, que lui dirai-je ? Plein de lui, plein de la liberté, tourmenté de l'enthoufiafme qu'elle infpire, croit-on me contenter en me faifant crier ce *Te Deum* que je n'entends pas.

D'abord, pourquoi parler latin le jour de la fête des Français ? L'on me dira que les Latins étoient libres, qu'ils étoient forts, que par conféquent leur langue.,.... Je réponds :

& nous auffi nous fommes libres , & nous auffi nous fommes forts , parlons en français.

Le *Te Deum* ! Mais des tyrans l'ont fait chanter , mais on l'a chanté pour la naiffance de Charles IX , pour la naiffance de Louis XIV : on l'a chanté pour des crimes , on l'a chanté pour des puérilités ; & certes , ce qui a été bon pour tout cela , je n'en veux point pour le 14 juillet.

Le *Te Deum* ! On le chante quand on bat , fouvent quand on eft battu , toujours quand on fait du mal , quand on a ravagé des campagnes , brûlé des villes , quand on a affommé par milliers de pauvres diables qui n'étoient établis que pour tuer ou être tués. Ah ! ce n'eft pas là l'hymne du 14 juillet.

On m'affure que lorfque , pour l'amour de Dieu , la fainte inquifition fait rôtir quelque pauvre juive ; lorfque les cris de la victime déchirent tous les cœurs , font dreffer les cheveux & pâlir les vifages , ... des moines enragés chantent , & c'eft encore le *Te Deum*.

Après le paffage de la mer rouge , Moyfe compofa un cantique qui ne vaut pas le miracle , mais qui , fait pour l'événement , eft bien au-deffus de ce *Te Deum* tant chanté , enfant d'un évêque d'Afrique , qui ne prévoyoit sûrement pas la brillante deftinée de fon ouvrage.

Horace fe feroit immortalifé , quand il n'auroit fait que fon *carmen feculare*.

Ce que les juifs ont pu faire , ce que les fiers Romains ont fait , les Français libres le feront.

Il eft vrai , Jean-Baptifte eft mort ; Piron , plus nerveux

que lui, n'exiſte plus; eh bien! nous n'aurons pas un chef-d'œuvre.

Je ne le demande pas, il y auroit de l'injuſtice à l'exiger; mais je demande un hymne français, qui ne ſoit qu'au-deſſus du *Te Deum*. Certes, nos jeunes poëtes ne doivent pas craindre de ſe meſurer avec S. Auguſtin, qui parloit bien, dit-on, mais qui chantoit mal, ſi j'en juge d'après ſon *Te Deum*. Pourquoi l'auteur de Charles IX n'entreroit-il pas en lice? Ce jeune poëte n'eſt pas tout-à-fait un prodige; mais l'évêque d'Afrique n'eſt pas un Horace. Ah! ſi le Breton qui a rédigé l'adreſſe & le ſerment de nos freres de Pontivy vouloit faire des vers, je ne ſerois plus en peine; il nous auroit bientôt fait un cantique ſimple & énergique comme le ſerment, majeſtueux & grand comme le 14 juillet.

Que l'exécution ſoit ſimple! De jeunes garçons *qui ne ſeront pas tondus*, de jeunes filles naïves comme la liberté, intéreſſantes comme la liberté, belles comme la liberté, chanteront l'hymne au Dieu de la liberté. Un refrain ſera répété par le chœur, par un chœur de 24 millions d'hommes.

Ce que les jeunes garçons & les jeunes filles de Rome ont fait, ce qu'a fait Marie la Prophéteſſe, ſœur d'Aaron, avec ſon tambour *de baſque*, nous le ferons le 14. Ce jour tient bien auſſi du miracle. Comme les juifs, & promptement, nous avons paſſé de la terre de ſervitude en la terre de la liberté, & les murs de la Baſtille ſont tombés comme ceux de Jéricho. R.

Autre sur le même sujet.

MESSIEURS.

Tous les zélés patriotes, & il n'en existe plus d'autres, applaudissent avec transport à la lettre de M. R…, que vous avez insérée dans votre feuille d'hier. Un peuple régénéré, un peuple qui célebre la conquête de sa liberté, doit parler un langage nouveau. Plus de *Te Deum ;* l'abus qu'on a fait de ce cantique, ne nous permet pas de le chanter dans l'auguste fête du 14 juillet, & il nous en faut un autre. Mais cette idée vraiment patriotique de M. R… paroît être un peu tardive ; & quoiqu'il ne soit rien d'impossible au génie échauffé du saint enthousiasme de la liberté, quoiqu'un si noble sujet puisse créer des génies, peut-on se flatter que dans un aussi court intervalle, nos poètes & nos musiciens pourront enfanter une production digne d'une cérémonie si solennelle ? Ne pourroit-on pas y suppléer, en cherchant dans les œuvres de nos meilleurs compositeurs, des morceaux dont les paroles s'appliquassent au sujet ? Il me semble que cela n'est pas impossible ; il me semble sur-tout que le chœur sublime qu'a fourni au génie du célebre Sacchini cette strophe pleine d'harmonie de la Bruère :

Grand Dieu ! de mille maux accablez le coupable
   Qui trahira ses sermens ;
  Et dans son cœur, pour comble de tourmens,
   Faites tonner la voix impitoyable
    Des remords dévorans.

ce chœur de Dardanus, connu de tout le monde, ne

peut que produire le plus grand effet, après que les députés de 24 millions d'hommes libres auront fait serment de conserver leur liberté ou de mourir.

L'Enfant de la liberté.

---

(9) *Extrait d'une Lettre écrite par un Membre de l'Assemblée nationale à un de ses amis.*

Quel engagement j'ai pris avec toi ! J'ai promis de t'écrire au sortir de cette fête que la capitale a donnée à la nation. Mais sais-tu dans quel état je suis sorti de cette magnifique solennité ? Je mourois de froid & de faim ; je tombois épuisé de fatigue.

Les grandes impressions que j'ai reçues, comme il arrive presque toujours, m'ont accablé encore, & j'ai perdu à les sentir la force dont j'aurois besoin pour les rendre.

Il faut pourtant te dire quelque chose ; mais sois sûr que je ne te dirai rien de ce que j'ai vu & de ce que j'ai senti : il faut bien du tems pour se rendre compte de ce qui s'est passé dans un jour semblable.

L'Assemblée nationale étoit le lieu du rassemblement de ses membres : ils s'y sont rendus à neuf heures, & y ont attendu une heure & demie jusqu'à ce que le commendant-général de la garde Parisienne, que M. de la Fayette, leur indiquât le moment du départ. Ce devoit être celui où les troupes qui alloient se fédérer, parties de l'hôtel-de-ville, seroient arrivées en partie à la place de Louis XV, où elles devoient prendre l'Assemblée nationale au milieu d'elles. M. *de Bonnai*, qui, par ses rares talens pour la présidence, étoit si digne d'être à la

tête de l'Assemblée nationale dans un **tel** jour, nous a
donné en attendant l'ordre de la marche.

Nous nous sommes rendus de la salle de nos séances
dans la grande allée des Tuileries. Nous devions nous
mettre sur deux lignes, deux sur chacune, & par
conséquent quatre de front ; un accident a rendu l'exécution de cet arrangement un peu difficile : il pleuvoit
depuis quelques jours ; aujourd'hui , jour qui eût été
si digne d'un beau soleil, il est tombé des torrens d'eau.
Avant de s'être ordonné pour leur marche, avant d'avoir
fait un pas , les représentans de la nation étoient inon-
dés. Un parapluie servoit quelquefois à trois ou quatre,
c'est-à-dire qu'il n'en couvroit aucun. Nous étions entre
deux eaux ; il y avoit de quoi se désoler : nous avons pris
un meilleur parti. Tout se tourne facilement en joie, lorsque la joie est au fond des ames ; nous avons pris le parti
de rire de notre désastre. Le long de notre route, nous
avons trouvé par-tout les même dispositions dans les dou-
bles & triples rangs de spectateurs qui s'étoient placés sur
le passage ; ils étoient trempés , & ils chantoient. Dans le
cours de la reine , il n'eût pas été aisé de dire si c'étoit
sous les arbres ou sur les arbres qu'il y en avoit davantage.

Près du pont-tournant, nous avons été salués par M. de
la Fayette ; à côté de ce général, qui réalise si bien les
espérances qu'il avoit données dans sa plus grande jeu-
nesse , nous avons vu un bataillon de héros qui n'étoient
guère plus grands que leurs sabres & leurs bonnets de
grenadiers ; ce sont des soldats de 12 ou 13 ans : leur
bataillon se nomme *l'espérance de la patrie* : non loin d'eux
étoit le bataillon des vétérans ; ainsi on passoit d'une émotion douce à une émotion profonde, & on voyoit d'un

même coup-d'œil la fin de la vie & fon commencement consacrés à la patrie.

Tu fais, mon ami, combien de fois nous avons été attendris jufqu'aux larmes en admirant dans Plutarque des tableaux qui ont peut-être fervi de modèle à celui-là, mais qui jufqu'à préfent ne s'étoient vus que dans l'hiftoire de l'antiquité ; tu vas voir que nous allons rendre cette hiftoire des anciens très-vraifemblable.

Depuis l'extrémité du cours la reine jufqu'à la barrière de la Conférence, il y a, comme tu le fais, par-tout des maifons d'un côté : nous n'en avons prefque pas vu une feule ; elles étoient cachées prefque entiérement par les fpec-tateurs, qui fortoient en quelque forte des fenêtres pour y trouver plus de place. Dans plufieurs endroits on avoit découvert les toits, mais ils étoient couverts de monde.

Un pont très sûr & très-large avoit été jeté, dans quelques jours, vis-à-vis le Champ-de-Mars, fur des bateaux, pour le paffage des fédérés & des repréfentans de la nation. En marchant fur ce pont, dont la conftruction rapide nous paroiffoit une efpèce de prodige, nous avions devant les yeux un arc de triomphe qui ouvroit à la marche trois grandes portes, deffinées à-peu-près fur le modèle de celui de la porte St-Denis. Les bas-reliefs, les infcriptions de cet arc de triomphe, parloient non de guerres & de victoires fanglantes, mais de liberté, de conftitution, des droits de l'homme.

Lorfque nous avons eu paffé ces portes triomphales, ce n'eft pas dans un champ que nous avons cru entrer, mais dans un autre monde. Imagine-toi un efpace immenfe terminé des deux côtés par un pourtour de terres tranfportées, fur lefquelles on avoit placé trente rangs de banquettes, & féparées par carrés, pour laiffer des intervalles libres aux forties, aux entrées, & à tous les mouvemens.

Vis-à-vis l'arc-de-triomphe, & à l'extrémité oppofée de ce vafte Champ-de-Mars, s'élevoit une galerie couverte, d'un deffin élégant. Au milieu & à-peu-près à la moitié de la hauteur paroiffoit le trône du roi des François, de Louis XVI. A la droite & à la gauche du trône, depuis le niveau du fol jufqu'à toute la hauteur à-peu-près du pavillon, s'élevoient fucceffivement des gradins deftinés à fervir de fiéges; ceux de la partie fupérieure, aux repréfentans de la nation; tous les autres, aux membres de la municipalité, aux électeurs de Paris, aux députés extraordinaires de tout le royaume.

Au-deffus du trône, & dans la partie la plus élevée de la galerie, étoit un cabinet deftiné à recevoir la reine, M. le Dauphin, la famille royale & leur fuite. Au milieu de l'immenfe enceinte du Champs-de-Mars, qui paroiffoit plus immenfe encore depuis que tant d'objets en marquoient l'efpace, étoit l'autel de la patrie. Des quatre côtés des degrés faits par leur étendue pour fervir de marches à tout un peuple, conduifoient à fa hauteur par des pentes douces fur lefquelles étoient répandus des miniftres de la religion, vêtus en blanc, & dans ce coftume qui rappelle à l'imagination les lévites & les hiérophantes.

A l'inftant où l'Affemblée nationale a été frappée de ce fuperbe tableau qui fe deffinoit devant elle, les marches de l'autel étoient couvertes de gardes nationales fous leurs armes, & les miniftres pacifiques de la religion, debout fur l'autel le plus élevé peut-être de tous ceux qui ont jamais été érigés, fembloient être à cette élévation, non plus pour dominer les hommes, mais pour s'approcher plus près du Ciel.

A ce même moment la pluie recommençoit avec plus de fureur ; & dans toute l'étendue des terraffes latérales, les fpectateurs fe couvrant de leurs parapluies ferrés les uns contre les autres, formoient au-deffus de leurs têtes, comme une efpèce de toît de taffetats de couleurs variées ; bientôt après la pluie a ceffé, & les parapluies repliés ont laiffé paroître plus de cent mille fpectateurs.

Dans l'enceinte même étoient déja rangés en ligne des deux côtés ceux des gardes nationales qui étoient arrivés.

Les gradins de la partie inférieure de la galerie étoient occupés par ceux à qui ils étoient defti.és ; dans le cabinet où devoit fe rendre la famille royale, on ne voyoit encore que quelques miniftres de fa majefté & d'autres perfonnes de fa fuite. Le trône attendoit le roi des Français.

Lorfque nous fommes montés à nos places il a fallu attendre près de trois heures avant que tous les fédérés foient arrivés, avant que le raffemblement des bannières de tous les départemens ait pu être complet dans le Champ-de-Mars.

Les ondées revenoient toujours, & fembloient avoir conjuré d'attrifter la fête : mais elles ont bien mal réuffi ; au milieu d'une averfe, quelques-uns des fédérés fe font mis à danfer en rond ; ils ont trouvé bientôt des imitateurs ; les danfes fe font finguliérement multipliées ; quelquefois les cercles fe refferroient, & il y en avoit en plus grand nombre ; quelquefois ils s'élargiffoient, & un très-petit nombre couvroit tout l'efpace du Champ-de-Mars. L'air retentiffoit de chants & de cris de joie ; on ne voyoit que foldats & grenadiers, courant & fautant en fe tenant par la main ; jamais il n'y eut de fpectacle plus agréable à la fois & plus impofant que celui d'une armée qui,

au

au moment de jurer de verfer jufqu'à la dernière goutte de fon fang pour la liberté, danfe autour de l'autel de la patrie, fous les regards de ces légiflateurs.

Un autre fentiment que le cœur de ces foldats de la nation laiffoit échapper à chaque inftant, c'étoit l'impatience de voir leur roi; il y a eu un moment où l'on a couvert le trône pour le garantir de la pluie. A ce mouvement dont on ne pouvoit pas bien juger à de fi grandes diftances, des milliers de voix ont frappé les airs du cri de VIVE LE ROI; des milliers de bras & de fabres ont été levés en l'air comme agités par la joie de cette proclamation.

La préfence de la reine a excité les mêmes acclamations; elles ont redoublé lorfque prenant p'ufieurs fois le jeune héritier du trône dans fes bras, elle l'a élevé pour le montrer au peuple, comme pour le préfenter à l'amour & au facre de la nation. Dans ces cris prolongés, & qui rempliffoient fans s'interrompre le vafte local où ils fe répandoient, on diftinguoit les fentimens dont étoient pénétrés ces repréfentans des défenfeurs d'une nation auffi douce que valeureufe. Tu aurois vu dans cette occafion, mon ami, ce que ton ame doit croire facilement, que la grandeur & la majefté ne font jamais fi puiffantes, & fur-tout fi facrées, que lorfqu'elles s'entourent des douces affections de la nature.

Lorfque le monarque a paru & qu'il eft allé s'affeoir fur ce trône qui ne fe cachoit plus dans le fonds d'un palais, tu aurois vu, de toutes les parties du Champ-de-Mars, accourir les Gardes nationales & les foldats: tu les aurois vus s'amoncelant & fe preffant autour des gradins de la galerie, fe cacher prefque les uns & les autres, & ne montrer de leur corps que leurs vifages où fe peignoient tous les mouvemens de leurs ames. Où font-ils ces vils

P

esclaves, où sont-ils ces imposteurs qui faisoient redouter aux rois la liberté du peuple comme la destruction de la monarchie? Quel roi reçut jamais des témoignages d'un amour plus sincère & plus tendre? Quel trône entendit jamais retentir des hommages plus nombreux & plus éclatans? Jamais Louis XIV, dans ses galeries ou dans ses jardins de Versailles, vit-il son trône décoré d'un si magnifique spectacle?

Lorsque toutes les bannières ont été rassemblées, toutes ont été portées autour de l'autel pour y être bénies au nom de l'Être suprême; & sans doute la bénédiction du ciel doit descendre sur les drapeaux d'un peuple éminemment valeureux, & qui a promis dans ses lois de ne jamais se souiller par la gloire des conquêtes. Au sortir de l'autel, les départemens ont fait passer successivement leurs bannières devant sa majesté; & alors on a vu se former une grande partie de ces soldats citoyens en deux files, dont une, d'un bout, touchoit aux marches du trône, & l'autre aux marches de l'autel.

M. la Fayette, à qui la sûreté de cette grande journée avoit été confiée & par les décrets de l'assemblée nationale, & par le roi, a paru au milieu de ces deux rangs, & descendant de son cheval à une certaine distance de la galerie, on l'a vu s'approcher du trône de sa majesté pour en recevoir l'ordre. Est-ce Tacite qui dit, à propos d'Agricola, que rien ne rehausse l'éclat d'un trône, comme de voir se courber devant lui le front d'un homme dont l'ame est fière & noble, & qui, jeune encore, compte des triomphes dans sa vie? Je ne suis pas sûr que Tacite l'ait dit, mais je l'ai senti aujourd'hui.

C'est l'évêque d'Autun qui a célébré cette messe, qui en effet ne devoit être célébrée que par un prêtre qui a

senti, que Dieu ne vouloit pas être adoré par des esclaves. Il est des occasions où les mystères qu'il faut toujours croire, paroissent moins surnaturels ; aujourd'hui, par
exemple, & en écoutant cette messe, on a dû croire plus
facilement que Dieu est descendu sur cet autel, autour duquel une nation heureuse se fait le serment de remplir constamment les devoirs les plus sacrés.

Tu connois, mon ami, la formule du serment des fédérés, celle des représentans de la nation, celle du serment du roi des François : tous ces sermens ont été pro-
prononcés les yeux en larmes, & ces larmes sont bien un
garant aussi qu'ils ne seront pas vains.

Le Frère du roi, MONSIEUR, qui a aimé la liberté &
qui l'a soutenue lorsqu'elle n'existoit encore qu'en espérance,
avoit mérité de recevoir les remercimens de la liberté à
jamais établie ; & il a entendu les cris de la reconnoissance de ce peuple libre, qui s'adressoient à sa personne.

Enfin, mon ami, que puis-je te dire ? Je ne crois pas
qu'il y ait jamais eu un plus beau spectacle sur la terre
ni jamais tant d'ames à la fois pénétrées de la même joie.

---

(10) *Lettre de M. Garnerin, qui devoit faire l'expérience
aérostatique du champ de Mars, à M. le Maire.*

Après dix-huit heures d'un état léthargique, l'esprit
encore troublé & agité par tous les sentimens, cette
situation ne me permet pas de classer d'une manière claire
& précise les détails dont je désire que vous soyez ins-
truit.

L'expérience aérostatique, dont le comité de confédération m'a chargé, a donné lieu à des accidens trop

cruels, pour que je ne cherche pas, dès mes premiers efforts
à arracher le trait de la calomnie qui m'a frappé. A peine
suis-je rendu à l'entendement, que l'ignorance criminelle
vient retentir de toutes parts auprès de moi, & m'accuse
de malheurs que j'aurois voulu éviter au prix de ma vie.

Le détail de ce qui précéda l'expérience, eut trop de
part aux accidens qui la suivirent, pour ne pas vous être
rapporté dans toute son étendue.

Lorsque je me suis chargé de cette expérience, on
me permit de choisir, dans le champ de Mars &
l'Ecole-militaire, l'emplacement que je jugerois le
plus favorable : l'on écrivit aux inspecteurs de me
procurer tout ce que je demanderois. J'ai cherché inutilement, pendant deux jours, ces inspecteurs du champ-
de-Mars ; enfin, samedi dernier au matin, l'administra-
teur en chef des travaux publics m'écrivit & m'indiqua
d'autres chefs de travaux que je n'ai point trouvé,
excepté un seul que j'ai rencontré par hasard ; l'ayant
prié de faire préparer des barrieres, il me dit qu'il
n'avoit ni charpentier, ni menuisier, que cependant il
tâcheroit d'en trouver, lorsque j'aurois fixé le lieu de
mon opération : une demi-heure après, je vins pour le
lui indiquer ; il étoit déja parti de son bureau.

Le même jour, samedi, rendu à la mairie, on me
dit que je pouvois, suivant mon désir, disposer de
l'un des arcs-de-triomphe : mais n'ayant pu trouver,
jusqu'à onze heures du soir, aucun chef d'atelier
pour faire poser des barrieres, je pris le parti de
chercher, dans l'Ecole-militaire, une cour isolée d'où
il fût possible de faire sortir facilement le ballon, &
d'être un peu plus à l'abri de la foule curieuse.

Les apprêts de l'appareil, pour faire l'air inflammable, furent très-longs & très-pénibles, parce que je fus obligé d'envoyer chercher très-loin ce qu'on m'avoit promis de me fournir fur les lieux; enfin, ayant travaillé toute la nuit, mon appareil fut monté le 18 à dix heures du matin. Alors je fis demander une forte garde, pour fuppléer au défaut de barrieres; on m'envoya cinq ou fix hommes, & il en falloit au moins foixante.

Manquant des chofes les plus effentielles, la prudence me difoit de ne pas aller plus loin crainte d'accident : d'un autre côté, je redoutois qu'on ne me taxât de crainte déplacée & de négligence. Mon irréfolution dura jufqu'à onze heures, que mes ouvriers commencerent, de leur chef, à remplir le ballon. Tout le temps que dura cette opération, je fus dans la plus grande inquiétude; les perfonnes préfentes fe portoient en foule aux endroits où l'on tranfvidoit l'acide vitriolique : heureufement il n'arriva point de malheur. En deux heures l'aéroftat fut rempli aux quatre cinquiemes : dans cet état il avoit une force d'afcenfion fuffifante; & comme on me témoignoit l'impatience des citoyens réunis au champ de Mars, je ne le fis pas gonfler davantage : ce n'eft qu'avec bien de la peine, & au milieu de la plus grande confufion, que je parvins à faire traverfer les cours à ma machine, & à la conduire jufqu'aux gradins. Là, faute de garde, le défordre augmenta de plus en plus; je fus méconnu dans la foule, & ceux qui, malgré moi, s'étoient emparés des cordes, effayerent de traverfer les gradins; mais le vent, joint à la mauvaife maniere dont les cordes étoient dirigées, fit rebattre plufieurs fois l'aéroftat fur les gradins; les pa,

fonnes qui les occupoient, le repouff.rent avec leurs
cannes. ou fabres , ce qui l'endommagea : défefpérant
de le conduire jufqu'à l'autel, j'ordonnai qu'on l'aban-
donnât : toutes les cordes ne furent point quittées à la
fois ; la multitude, placée fur les gradins, s'empara
de celles qui venoient d'être lâchées.

Je ne fais pas précifément ce que devint l'aéroftat
paffé cette époque, attendu que je fus obligé de l'abandonner pour m'occuper de ma fûreté perfonnelle. Un
commandant de détachement vint me menacer de m'arrêter : l'ayant défié, il dit qu'il le feroit s'il avoit des
ordres. Cette fcene attira beaucoup de monde, & j'ai
été très-expofé lorfque ce commandant dit que j'étois
caufe que le ballon ne partoit point, & que je méritois punition. En cherchant un afyle, j'apperçus mon
ballon couché & confidérablement déchiré.

Une fentinelle me facilita l'entrée de la cour de
la cantine, & ferma la grille auffi-tôt que je fus
entré.

J'étois occupé à tranfvider de l'huile de vitriol, lorfqu'on vînt m'avertir qu'une perfonne alloit faire partir
le ballon en le faifant chauffer : à l'inftant même j'en-
tendis une explofion épouvantable. Mon imagination fut
remplie de terreur ; l'idée du grand nombre de victimes
qui devoient avoir péri, me fit frémir, & depuis cet
inftant la fievre & le friffon ne m'ont point quitté.

Aux cruelles impreffions qui m'agitoient, il en man-
quoit encore une pour m'accabler totalement ; c'étoit
le fpectacle des malheurenfes victimes du crime ou de
l'ignorance : à la vue de ces malheureux foudroyés,
mon ame fut comme anéantie ; de cruelles angoiffes

me tourmentent encore ; mon courage ne peut les vaincre, parce qu'elles émanent de la sensibilité.

J'aurois voulu supprimer ce terrible détail : votre ame, sensible comme la mienne, en ressentira les mêmes agitations. Mais nous devons encore remercier la providence de ce que le nombre des victimes n'est pas plus grand.

Je vous prie, Monsieur, de communiquer cette lettre à MM. du comité de confédération : plusieurs de ces membres furent témoins de l'opération & des faits que je rapporte : j'ai tout lieu de croire que leur justice les portera à déterminer l'opinion publique à mon égard.

Au printemps de ma carriere je viens d'être frappé d'un sentiment d'amertume qui ne me quittera qu'au tombeau ! Faudra-t-il encore que j'y descende avec la haine de mes concitoyens ?

J'ai l'honneur d'être, &c.

---

(11) L'heureuse époque du 14 juillet a été célébrée dans tous les pays étrangers par tous les hommes qui aiment encore la liberté. La société de la révolution de Londres a envoyé à ce sujet une adresse à l'Assemblée nationale. L'université de Cambridge a aussi célébré cette heureuse époque.

F I N.

TABLE.

PIECES LITTÉRAIRES.

PIECES DE THÉATRE.

N O T E S.

FIN DE LA TABLE.

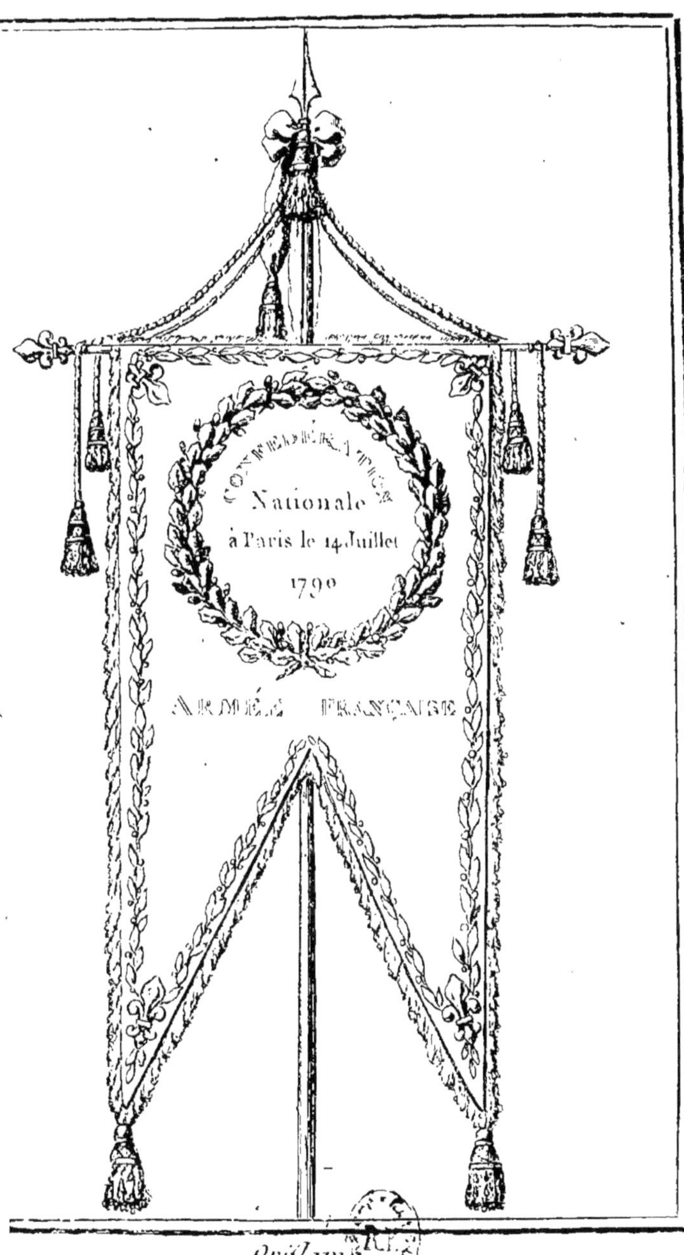

Oriflamme

Batimerie

CONFÉDÉRATION
Nationale
à Paris le 14 Juillet
1790
DÉPARTEMENT DE L'AIN
CONFÉDÉRATION DES FRANÇAIS.
à Paris le 14 Juillet 1790

Bannière

Vue de l'Arc de Triomphe, du Côté de la Riviere.

Vue de l'Autel, du Côté de l'Ecole Militaire.

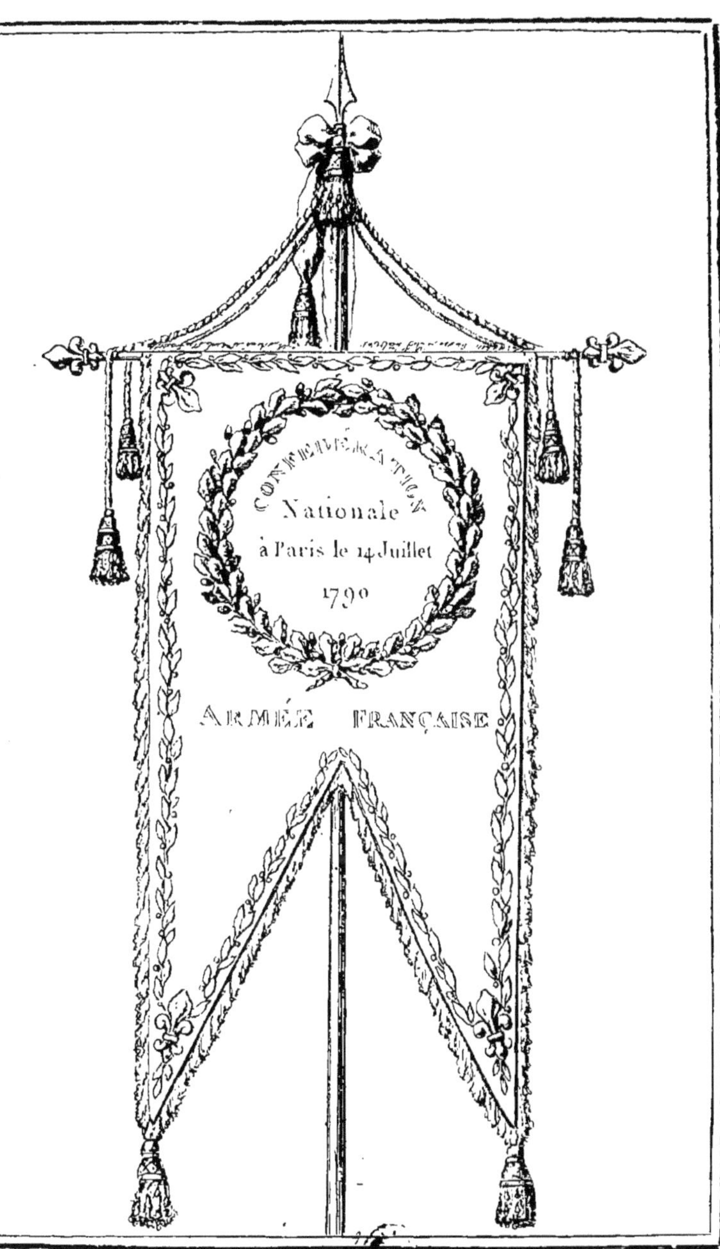

CONFEDERATION
Nationale
à Paris le 14 Juillet
1790
ARMÉE FRANÇAISE.
Oriflame

9 782014 433067